Michaela Schmitt

Hippie Trail

Michaela Schmitt

Hippie Trail

Auf dem Landweg nach Indien

www.hippie-trail.de

Bibliografische Information der Deutschen Nationalbibliothek

Die Deutsche Nationalbibliothek verzeichnet diese Publikation in der Deutschen Nationalbibliografie; detaillierte bibliografische Daten sind im Internet über http://dnb.dnb.de abrufbar.

c/o AutorenServices.de, Birkenallee 24, 36037 Fulda
Sie finden uns im Internet unter: www.hippie-trail.de

Erste Auflage 2019

Fotos: Michaela Schmitt
Weltkarte mit Reiseroute im Innenteil: Thorben Schmitt
Umschlaggestaltung: Thorben Schmitt, Steve Hübscher, Christian Schuster
Lektorat: Anne-Kristin von Proeck, Frauke Manninga
Korrektorat: Christian Hardinghaus
Satz: Thorben Schmitt
Gesetzt aus der Palatino
Druck und Bindung: Booksfactory PRINT GROUP Sp. z o.o.

ISBN 978-3-00-062515-2

Für Esperanza

There is freedom waiting for you
On the breezes of the sky
And you ask, „What if I fall?"
Oh but my darling
What if you fly?

Erin Hanson

Inhaltsverzeichnis

Prolog

Es ist sieben Uhr morgens und ich fühle mich, als hätte ich bereits einen Zwölf-Stunden-Tag hinter mir. Einfach nur, weil ich beim Aufwachen schon all meine Pflichten im Kopf habe. Gefangen im Alltag, meiner kleinen Welt, in die ich mich selbst eingemauert habe. Ich könnte einfach die Decke über den Kopf ziehen und *Ich bin nicht da* spielen, meinen Wecker an die Wand werfen, um etwas Luft abzulassen – aber werde doch wieder die Zähne zusammenbeißen und arbeiten gehen, wie es von mir verlangt wird.

All das, was mich die letzten vierzehn Jahre mehr oder weniger erfüllt hat, tut es nun nicht mehr. Zweifel schlichen sich ein und jetzt kommt der gnadenlose Zusammenbruch. Erst war es nur der Job, den ich immer mehr in Frage gestellt habe, mittlerweile ist es mein ganzes Leben. Soll es das gewesen sein? Mein Leben könnte trotz der Krise weiter so geradlinig laufen, aber ich sehe sie als Wegweiser für meine Möglichkeiten. Mein Leben sollte sich anders anfühlen. Es ist mein wichtigstes Gut und ich muss gefälligst schauen, dass es mit Freude gefüllt wird. Es muss sich etwas verändern. *Ich* muss mich verändern. Je älter ich werde und je länger ich meinen Beruf ausübe, desto weniger will ich *müssen.* Außer atmen, schlafen und essen zu müssen, möchte ich auch mal nur *wollen* und sonst gar nichts.

Erst war ich happy: Ich habe meine Ausbildung beendet, bin sofort ausgezogen, war froh, endlich Geld zu verdienen und unabhängig zu sein. Die Zwanziger haben mich noch unbeschwert treiben lassen, ich bin nach Feierabend um die Häuser gezogen, war ständig unterwegs. An den Wochenenden habe ich die Nacht zum Tag gemacht.
Die Dreißig hat mich über Nacht ernüchtert und ich ziehe meine erste persönliche Bilanz. Genau hier wollte ich eigentlich sein, weil es der gewöhnliche Weg des Lebens ist. Aber kann ich auch so die nächsten dreißig Jahre weiterleben?

Morgens zähle ich die Stunden bis zum Feierabend, montags die Tage bis es endlich wieder Freitag ist. Nur einen Wimpernschlag später ist es Sonntag und ich denke schon wieder trübsinnig an Montag. Die Arbeitstage ziehen sich, sind zäh wie Kaugummi, doch die Jahre der Routine verfliegen rasend schnell. Ich gehe meine Arbeit gewissenhaft, aber immer lustloser an: Buchhaltungen, Lohnabrechnungen, Steuererklärungen, Monatsabschlüsse, das monatliche Controlling. Akkurat und pflichtbewusst in einem seriösen Job. Stets zu Diensten. Das ist sinnlos.

Schon mein ganzes Leben stehe ich unter dem Pantoffel der Pflicht. Erst waren es meine Eltern, die mir eintrichterten, stets folgsam zu sein. Ab dem zarten Alter von sechs Jahren kamen die Lehrer hinzu, mit sechzehn eine Berufsausbildung, die nicht meiner eigenen Wahl entsprach, aber doch so vernünftig ist, und mit ihr ein Vorgesetzter und die Verantwortung für Kunden und Firmen.

Mittlerweile ist es nur noch ein Muss, Geld zu verdienen, und ich verbringe die meiste Zeit meines Lebens damit. Danach fahre ich nach Hause und schaffe es oft nur noch auf das Sofa. Selbst wenn mich die Realität erdrückt, bin ich für gewöhnlich zu erschöpft für die wenigen Fluchtmöglichkeiten, die der Alltag bietet. Obwohl mein innerer Motor auf Hochtouren läuft und sich nicht mehr drosseln lässt, habe ich meinen Antrieb verloren.

Einzig die Leidenschaft zum Reisen und Entdecken hält mich wach. Und das habe ich meinen Eltern zu verdanken. Als Scheidungskind kam ich leider nicht in den Luxus, mehrmals im Jahr in den Urlaub zu fahren. Ganz im Gegenteil. Ich lebte nach der Trennung bei meiner Mutter, verbrachte die Zeit während ihrer Abwesenheit allein zu Hause. Auch mein Vater war gerne unterwegs und hat mich nie mitgenommen. Nur anhand ihrer Erzählungen und Fotos wurde meine Lust zum Reisen geweckt. Mit dem ersten eigenen Geld verbrachte ich die meist nur zweiwöchigen Auszeiten mit meinen Freunden am Strand oder in den Bergen, beim Backpacking oder Zelten. Das waren willkommene Fluchten und meine liebste Ablenkung und Zerstreuung.

Wehmütig denke ich an die glücklichen Menschen, die sich nach dem Studium eine lange Auszeit nehmen und viele Wochen oder gar Monate im Ausland verbringen. Mit einem Vollzeitjob ein Ding der Unmöglichkeit. In jedem Menschen schlummert ein Abenteurer. In manchen mehr, in anderen weniger. Ich zähle zur ersten Kategorie. Je mehr ich von der Welt sah, desto größer wurde mein Wunsch, noch viel mehr zu entdecken. Wie gerne würde ich auch einmal ausbrechen und lange reisen, um wirklich weg zu sein, in ein Land eintauchen und es mit jeder Faser meines Körpers kennenlernen, bei mir ankommen, meinem inneren Kind Gehör verschaffen und dessen unbändige Neugier stillen.

Ich habe das Glück, einen Partner an meiner Seite zu haben, den ich für meine Leidenschaft begeistern konnte. Vor unserer Beziehung hat Thorben kein Interesse für das Reisen gehegt. Man kann einen Menschen nicht dazu überreden, aber man kann Sehnsüchte aus dem Innersten herauskitzeln. Auf der Suche nach der für uns passenden Art zu reisen, hat sich mit der Zeit die Liebe zum Zuhause auf Rädern abseits der ausgetretenen Pfade herauskristallisiert. Unabhängig und spontan sein, nicht wissen, was der Tag bringt und wo er endet. Über Land fahren, weil der Weg das Ziel ist. Immer mehr reift der Gedanke in uns, nicht nur ein bis zwei Wochen, sondern lange unterwegs zu sein, und gleichzeitig sprechen wir es aus: „Lass uns den Hippie Trail nach Indien fahren." Ein Mythos und die Mutter aller Roadtrips. Wir wissen nichts – aber wir wollen es tun. Wir wollen den Spuren der Blumenkinder folgen, fremde Länder und ihre Menschen kennenlernen, uns ein eigenes Bild von der Welt machen.

Ich müsste einfach nur den Job hinschmeißen. Keiner kann mich daran hindern, nur meine eigene Mutlosigkeit, die Grenzen im Kopf und der imaginäre erhobene Zeigefinger meiner Kindheit: „Denk an deinen Lebenslauf. Willst du ihn dir ruinieren?" Ich werde immer mehr zum Produkt meiner Vergangenheit: ein Kind von dominanten

Eltern, die mein Leben und meine Entscheidungen bestimmt haben und immer das Sagen hatten. Sie folgten stets gewissenhaft ihrem selbst erwählten Schicksal, ertrugen still die Jahrzehnte im ungeliebten, aber vernünftigen Job und verdrängten alles andere. Das Bankkonto füllen, auf das Wochenende, den nächsten Urlaub warten und alle Hoffnungen in den Beginn der Rente setzen: Genau so hat man es mir beigebracht. Und ich kann es nicht leugnen, die unbewussten Mechanismen lenken und formen mich.

Ich bin ebenfalls zu einer Schauspielerin geworden. Ich habe nie gewagt, einfach so zu sein, wie ich war, sondern mich immer so verhalten, wie man mich haben wollte, wie ich glaubte, sein zu müssen. Aber immer mehr wird mir bewusst, dass ich nicht mehr so sein will. Ich möchte mich nicht damit abfinden, möchte nicht altern vor der Zeit, und irgendwann eine traurige Frau im Spiegel anblicken, die all ihre Träume und Chancen im Stillen begraben hat. Ich muss mir ein wenig die Hörner abstoßen, mich selbst kennenlernen, herausfinden, was Freiheit bedeutet, durch das Reisen meine Sehnsucht vom Reisen kurieren und durch die Erfahrung gelassener werden, bevor ich ins Erwachsenenleben zurückkehre, bevor die Verzweiflung zur Resignation wird und mein letztes Feuer auffrisst. Die Dämonen besiegen. Danach herrscht hoffentlich Klarheit, die unbändige Neugierde sollte gestillt und mein Kopf wieder frei sein, bereit, auf das Ticken meiner biologischen Uhr zu hören und mich endgültig festzulegen. Bereit für die familiären Zwänge des Lebens: Verantwortung, Verpflichtungen und Verstrickungen aus einem Job auf

Lebenszeit, Kindern, Bausparvertrag und Eigenheim. Ein Netz, das einen nach und nach einwickelt und aus dem dann so schnell kein Entrinnen mehr möglich ist.

Der Gedanke an Indien lässt mich nicht mehr los, lauert in den Schatten meines Verstandes wie ein hungriger Wolf. Immer öfter bringe ich es zur Sprache, erinnere Thorben an unser Vorhaben, aber wir schaffen den Absprung nicht. Und dann werde ich krank. Es passiert nach einem einwöchigen Tauchurlaub, in dem ich keine Entspannung finden konnte, stattdessen an den stetigen wachsenden Berg Arbeit während meiner Abwesenheit dachte. Ich kann nicht mehr essen, nicht mehr schlafen, zittere am ganzen Leib. Stehe unter Leistungsdruck, ständiger Anspannung und Unzufriedenheit.

Am ersten Arbeitstag kann ich nicht mehr aufstehen, schleppe mich zum Arzt mit der Angst, einen Herzinfarkt erleiden zu müssen. Er erklärt mir, dass sich mein seelischer Zustand körperlich auswirkt. Ich habe mein Leid unbewusst verschoben, weil ich es sonst nicht weiter ausgehalten hätte. Ich werde krankgeschrieben, rufe meinen Arbeitgeber an und kläre ihn ehrlich über die Situation auf. Geprägt vom Leistungsdenken des Kapitalismus, die Effizienz immer weiter zu steigern, mit nichts und niemandem jemals zufrieden zu sein und dem Antrieb, Wohlstand anzuhäufen, hat für ihn Schwäche keinen Platz und ein Geschäftsführer eines großen Konzerns kein Verständnis. Wieder gesund erwartet mich eine fristlose Kündigung. Erst bin ich geschockt, dann nur noch erleichtert.

Reisen birgt keinen finanziellen Gewinn, ganz im Gegenteil, aber die Dinge, die das Leben lebenswert machen, sind doch am meisten wert. Und im Grunde gebe ich nichts auf, sondern gewinne unendlich viel dazu. Jeder ist ersetzbar und an meinem Schreibtisch wird bald ein anderer sitzen.

Die verlorene Zeit kann ich nicht mehr zurückgewinnen, aber mir bleibt noch die Gegenwart und diese letzte Chance. Also warum nicht? Endlich bin ich frei. Mit einer Kiste voller persönlicher Dinge unter dem Arm, die mir meine Arbeitskollegin wortlos in die Hand gedrückt hat, stehe ich vor Thorben und setze ihm die Pistole auf die Brust: „Jetzt oder nie! Lass uns losfahren." Thorben ist selbstständiger Webentwickler und seine Kunden können die Entscheidung, einfach verschwinden zu wollen, nicht verstehen. Sie lassen sich aber auf ein halbes Jahr ohne seine Hilfe vertrösten und versprechen, ihm die Treue zu halten. Viel länger können wir eh nicht weg, da wir für unser Haus Miete bezahlen müssen und während unserer Reise kein Einkommen haben. Er wäre auch ohne diese Zusage losgefahren, aber mit der Sicherheit im Gepäck fällt es ihm leichter. Die Existenzangst als Selbstständiger ist bei ihm allgegenwärtig. Aber auch Thorben hat viel Zeit im Büro verbracht und ist schlichtweg überarbeitet.

Die wichtigste Anschaffung für unsere Reise ist zunächst ein Fahrzeug und schon beim ersten Klick in die Verkaufsanzeigen eines Internetportals finden wir einen beigegrünen Mercedes L 319: Knapp fünfzig Jahre alt, ab 1962 in der Flugsicherung in Zürich im Einsatz, dann zum

Wohnmobil umgebaut. Die heimelige Ausstattung in Hellblau, Gelb und Mintgrün ist noch original aus den siebziger Jahren erhalten. Die winzige Küchenzeile besteht aus kleinen Regalen mit Schiebetüren, einem Kühlschrank und einer Gaskochplatte, gegenüber befindet sich ein kleines, separates Badezimmer. Kleine Schränkchen aus Metall dienen der Unterbringung von Kleidung. Vor den Fenstern hängen bestickte Vorhänge und die gegenüberliegenden Sitzbänke im hinteren Teil können mit wenig Aufwand zum Schlafen umgeklappt werden. Ordentlich Stauraum haben wir im unteren Teil des Busses und ein Wassertank unter dem Dach sorgt für ein gewisses Maß an Autonomie. Von Autos haben wir überhaupt keine Ahnung, deshalb ist allein das äußere Erscheinungsbild der Grund, warum wir uns dafür entscheiden. Der Verkäufer sieht uns ungläubig an, als wir von unseren Plänen erzählen und den Kaufvertrag unterzeichnen. Wir haben vollstes Vertrauen in den alten Bus, der seine beste Zeit schon lange hinter sich hat, und positives Denken ersetzt das fehlende Wissen. Und genau diese Blauäugigkeit beschert uns bei der Überführung nach Hause keine fünfzig Kilometer später festgefahrene Bremsen.

Wir lassen uns impfen, besorgen eine Auslandskrankenversicherung und einen Internationalen Führerschein. Für die Vorbereitungen bleibt nicht viel Zeit und ich denke, das ist auch gut so. Wir hätten uns sonst monatelang die Köpfe zerbrochen und alles haarklein geplant, um bloß jedes Risiko auszuschließen. Als im September 2010 endlich die Visa für den Iran, Pakistan und Indien in den

Pässen kleben, gibt es ein großes, fröhliches Fest. Ein letztes Mal sehen wir unsere Freunde und feiern mit ihnen einen fränkischen Abend mit Brot, Wurst, Käse und Bier. Manche haben Angst um uns, können nicht verstehen, warum wir solche Gefahren eingehen. Andere haben zur Verwirklichung keinen Mut. Einige hätten auf so eine Reise überhaupt keine Lust und können nicht nachvollziehen, warum wir so unser Geld verschleudern. Aber sie unterstützen Thorben und mich trotzdem, freuen sich für uns. Verabschieden uns mit Umarmungen, aufmunternden Worten und vielen Tränen. Dann streicheln wir zum letzten Mal unsere Katzen und übergeben den Haustürschlüssel an unseren Freund Markus, der während unserer Abwesenheit bei uns wohnt, sich um die Post kümmert und die Tiere versorgt.

Unser Bus ist vollgestopft und sieht von innen aus wie ein Umzugswagen. Wasser- und Benzinkanister, Schlafsäcke, Decken, Kisten und Tüten voll mit Werkzeug, Medikamenten, Winter- und Sommerkleidung sowie eine extra Garnitur als *Borderdress*. Wir wollen schließlich bei den Grenzbeamten einen guten Eindruck machen. Außerdem packen wir notwendige Papiere, Bedienungsanleitungen, Computer, Kameras und viele, viele Bücher ein. Unsere Vorräte bestehen aus haltbarer Milch, Nudeln, Reis, fertigen Soßen, Schwarzbrot und Wurst in Dosen, Lebkuchen und fränkischem Bier – und jeder Menge Vorfreude. Es gibt hier und da noch etwas zu schrauben, einen Brief zu beantworten – und eigentlich findet sich immer ein Grund, die Abfahrt zu verschieben.

„Heute beginnt der Rest unseres Lebens", sage ich zu Thorben. Wir lassen alles stehen und liegen, halten uns nicht groß mit Einräumen auf, sondern drehen den Zündschlüssel herum und fahren einfach los. Wir werden sehen, wie es sich entwickelt, starten unbekümmert und unwissend, jung, naiv, unverwundbar und neugierig in ein unbeschwertes Abenteuer und werden all meine Ersparnisse, die mir bisher so viel Sicherheit gegeben haben und sich jetzt im wahrsten Sinne des Wortes auszahlen, verjubeln.

Ungarn

Als der dichte Wald des Bükk, Ungarns größtes zusammenhängendes Waldgebiet, die untergehende Sonne und mit ihr die letzten Strahlen gnadenlos verschluckt, geben wir auf. Gemächlich im eigenen Wohlfühltempo auf Landstraßen unterwegs, ohne die Höchstgeschwindigkeit des Oldtimers von 80 km/h auszureizen und gehetzte Fahrer auf der Autobahn zu behindern – wir sind ja nicht auf der Flucht –, beginnt wie jeden Tag am späten Nachmittag die Stellplatzsuche. Da die Saison beendet ist, gibt es keine offenen Campingplätze mehr und wir campen wild. Wir sind auf uns alleine gestellt, dem Unbekannten ausgeliefert, müssen lernen, anderen zu vertrauen, und an das Gute im Menschen glauben. Unser erster Plattfuß hat die Planung durcheinandergebracht. Wir bekamen am Straßenrand einen Schnellkurs im Reifenwechseln und Schlauchflicken und die Fahrt endet heute in Schräglage im Bankett der holperigen, schmalen Kiesstraße. Die Herbstkälte hat in der Nacht Tautropfen entstehen lassen und sich auf die Wiesen und Wege gelegt. Schon früh am Morgen sind wir bereit, weiterzufahren, der Motor ist warmgelaufen, doch die Reifen drehen durch. Wir stecken fest. Thorben gibt Gas, versucht, den Bus durch Aufschaukeln in Schwung zu bringen, bis ein Krachen aus dem Motorraum den Mercedes schlagartig verstummen lässt. Wir blättern in der Reparaturanleitung von Mercedes, die mit umfangreichen Ausführungen für ausgebildete Kfz-Mechaniker ausgestattet ist, und klappen sie wenig später wieder zu. Keinen Deut schlauer.

Eine kleine gelbe Plastikkarte wird nun über unser Schicksal entscheiden. In weiser Voraussicht haben wir beim ADAC eine Plus-Mitgliedschaft abgeschlossen. Damit wird vor Ort repariert, wir werden europaweit mit Ersatzteilen versorgt, in eine Werkstatt geschleppt oder das Fahrzeug bei Totalschaden gar zurück nach Deutschland befördert. Das ist unser Joker bis in den Iran. Wir wählen die Servicenummer und begrüßen zwei Stunden später einen kleinen mobilen Werkstattwagen. Der ältere, erfahren wirkende Mann verschwindet mit einem fachmännischen Blick bis zum Rumpf im übersichtlichen Motorraum. Er vermutet einen defekten Anlasser, überprüft den neuen Vergaser, taucht kopfschüttelnd wieder hervor, zuckt die breiten Schultern, zeichnet ein Kreuz in die Luft und sagt nur: *„Totál káros"*, was keiner weiteren Übersetzung bedarf. In diesem Moment wird auch der Rest meiner verbliebenen guten Hoffnung komplett zerstört. In mir reift die Gewissheit, dass die Entscheidung, einen fünfzig Jahre alten Bus rein nach dem Aussehen gekauft zu haben, sich nun rächt und der Roadtrip sein vorzeitiges Ende gefunden hat.

Ich erinnere mich noch ganz genau an die Worte meines besten Freundes, einem gelernten Kfz-Mechaniker, als ich ihm vor der Reise stolz das Fahrzeug präsentierte, das uns bis nach Indien bringen soll. „Schau Michi, das ist unser Bus. Ist er nicht cool?" „Ich weiß nicht, ob das cool oder eher optimistisch ist", war seine kurze, ernüchternde Antwort. Es folgte eine zehrende Suche nach einer Werkstatt, die sich dem Oldtimer annehmen wollte, danach eine Ersatzteilsuche wie nach der berühmten Stecknadel im Heuhaufen. Mit neuen Bremsen und Filtern fuhren wir nach Hause – und kamen siebenhundert Meter weit. Die Benzinpumpe hatte den Geist aufgegeben. Und einen Tag vor der eigentlichen Abfahrt noch der Vergaser.

Wir hatten uns vorgenommen, so lange Richtung Osten zu fahren, wie der Bus hält. Und falls er derart kaputt ginge, dass eine Reparatur zu viel Aufwand machen würde oder zu teuer wäre, wollten wir ihn einfach stehen lassen und anders weiterkommen. Aber jetzt schon? Nach nur einer Woche und 1197 Kilometern? Wir sind ganz am Anfang und schon am Ende. Es ist nicht nur Wut über die eigene Dummheit, die sich wie dunkle Gewitterwolken über mein Gemüt legt, und Traurigkeit wegen eines Traums, der in seiner zarten Blüte geplatzt ist, sondern auch die sich einschleichende Scham vor der Reaktion unserer Freunde, die zwar gehofft, aber nie wirklich an den Erfolg des Unternehmens geglaubt haben.

Während an dem Bus geschraubt wird, liege ich mit meiner Kamera auf der Sitzbank und gehe die Fotos durch, die ich in unserer ersten Reisewoche geschossen habe. Es darf einfach noch nicht vorbei sein! Die vergangenen Tage in Tschechien und der Slowakei waren ein Traum. Altweibersommer. Wir waren sofort von der lieblichen Landschaft fasziniert: blauer Himmel, sattgrüne Wiesen und Alleen von erntebereiten Apfelbäumen, die die Landstraße säumten. Wir haben das mittelalterliche Städtchen Český Krumlov in Südböhmen mit seinen engen Gassen und bunten Häusern und der mehrstöckigen Mantelbrücke besucht, die den Burggraben des Schlosses mit riesigen Bögen überspannt. Wir überquerten eine Flussschleife der

Moldau. Endlose Hopfenfelder verdeutlichten die große Leidenschaft der Tschechen: das Brauen und Trinken von Bier, das laut eigenem Bekunden das beste der Welt sein soll. Die Straße von Budweis zum kleinen Städtchen Telc führte uns durch eine reizvolle, hügelige Wald- und Wiesenlandschaft, durch von Industrie und sozialistischen Bauten geprägte Städte und teilweise verlassene, verfallene Dörfer. Wir sahen zahlreiche Seen und Bäume mit ihrer spektakulären Herbstfärbung, hinter denen sich das tschechische Kleinod Telc versteckte, das sich komplett aus dem Mittelalter in die Gegenwart hinüberretten konnte. Als ich dann an einem der nächsten Tage wie so oft über die Kopfsteinpflaster der sonnendurchfluteten Gassen der Altstadt spazierte, stand ich plötzlich wie in einer erhabenen Theaterkulisse. Um einen langgezogenen Marktplatz gruppierten sich die schönsten pastellfarbenen Häuser im Stil der Renaissance und des Barock, die man sich vorstellen kann. Wir fuhren durch den malerischen Mährischen Karst und die unverbaute Gegend der weißen Karpaten, die eine natürliche Grenze zur Slowakei bilden. Beim Anblick ihrer Täler brauchte es keine große Fantasie, um sich vorzustellen, wie hier jahrhundertelang die Hirten friedlich gelebt haben. Wir passierten Burgen und Schlösser, von denen es in der Slowakei mehr als genug gibt, und sind nun am nordöstlichsten Zipfel von Ungarn gestrandet. Doch wir werden unter Palmen liegen. Das steht fest. Wie wir jetzt an unser Ziel gelangen, steht aber noch in den Sternen.

Ein Jubel reißt mich aus meinen Gedanken. Thorben öffnet die Tür und hält mir einen kleinen orangefarbenen

Becher vor das Gesicht. „Wir haben das Übel gefunden. Die Verteilerkappe ist durch die Erschütterungen gebrochen und dadurch ist die Zündfolge im Motor defekt.“

„Esperanza“, sage ich laut in die Stille hinein. Thorben blickt mich fragend an. „Esperanza soll sie heißen.“ Reisende pflegen ihren Fahrzeugen Namen zu geben. Und was passt besser zu der alten Dame als das spanische Wort für Hoffnung?

Mit unserem soeben getauften Mercedes rollen wir durch das Tor zur großen ungarischen Puszta. Und da ist es wieder: dieses Kribbeln im Bauch. Reisefieber. Wenn man einfach fährt, nur noch sieht, was vor einem liegt, das Gefühl hat, voranzukommen, und nicht mehr zurückblickt. Thorben lenkt den Bus durch die schier endlose Steppe, Rinder- und Pferdeherden ziehen umher, Landwirte bearbeiten ihre Felder. Vereinzelt sieht man einen alten Ziehbrunnen, der die Tiere mit Wasser versorgt.

Vor uns liegt der Grenzübergang nach Rumänien. Wir nehmen die saubere und ordentliche Kleidung aus dem Schrank und gehen den obligatorischen Klamottenwechsel an. Anschließend holen wir ein letztes Mal kräftig Luft, bevor wir in uns unbekannte Länder abtauchen.

Rumänien

IS HR
NI KA
1963
ACI EUMĂ ODIHNESC
POP GRIGORE MĂNUMESC
MIE MIAPLĂCUT TRACTORU
CU STICLA SĂMSTÎNPĂR DORU
TÎNĂR SĂM LAS VIATA
MOARTE TÎNĂR MĂ LUDAI
LA 33 DE AI

Wir reihen uns in die Autoschlange ein und während wir uns im Schritttempo der Schranke nähern, versorgen uns die Beamten des kleinen Grenzübergangs mit Tipps zu interessanten Sehenswürdigkeiten. Es ist die erste Kontrolle überhaupt. Reisepässe, Fahrzeugschein und Versicherungskarte werden geprüft, der Bus gewogen und man winkt uns freundlich mit den Worten *„Bine ați venit în România"* durch den Schlagbaum.

Das relativ junge Mitglied der EU begrüßt uns mit einem stahlblauen Himmel und angenehm warmen Temperaturen und katapultiert uns in eine Zeit, die vor hundert Jahren stehen geblieben zu sein scheint. Wir fahren durch das Oaşer Land, eine Region, die viel ursprünglicher ist als das überlaufene Transsilvanien. Die Architektur ist geprägt von traditionellen Holzhäusern mit geschnitzten Toren mit oben zugespitzten hohen Schindel- und Strohdächern, eingebettet in eine liebliche Landschaft. Die kurvige, enge Schlaglochpiste teilen wir uns mit Pferdekarren und freilaufenden Hunden, Katzen, Ziegen, Hühnern und Kühen. Maramueș ist ein bekanntes, jedoch ebenfalls spärlich besuchtes Gebiet und mit einem Ausflug in ein Freilandmuseum zu vergleichen.

Nach jeder Kurve entsteht ein neuer Eindruck, so schön, dass ich trotz der langsamen, vorsichtigen Geschwindigkeit das Gefühl habe, dass nicht genug Zeit bleibt, um alles in meinem Gedächtnis abzuspeichern. Ich fotografiere und fotografiere, um nichts zu vergessen, was mir den einen oder anderen Kopfschüttler meines Mannes einbringt. In fast jeder Siedlung steht eine der typischen

Holzkirchen mit ihren spitzen Türmen, deren Bauten sich durchgesetzt haben, weil in dieser Region orthodoxe Kirchen nicht aus Stein errichtet werden durften. Die Holzkirche des Klosters des Erzengels Michael ist das höchste, ausschließlich aus Eichenholz bestehende Bauwerk der Welt. Nicht einmal die Nägel sind aus Eisen. Mütterchen in farbenfrohen Gewändern sitzen vor ihren einfachen alten Häusern mit pastellfarbenen Holzschindelfassaden auf verzierten Holzbänken, spinnen Wolle und unterbrechen winkend ihre Arbeit. Ganze Familien fahren mit Pferdefuhrwerken zur Ernte. Wir erstehen an einem Stand neben der Straße frisches Obst und Gemüse für ein paar wenige Lei, die rumänische Währung, die sich wie Spielzeuggeld anfühlt.

Auf der Wiese neben einem Fluss findet sich ein schöner Stellplatz und wir spazieren durch den Ort Săpânța, der für seinen fröhlichen Friedhof berühmt und schon von weitem an seiner farbenprächtigen Kirche zu erkennen ist. Das Leben endet nicht mit dem Tod, fand der Holzkünstler Stan Ioan Pătra und begann in den 1930er Jahren damit, kunstvolle Grabsteine zu schnitzen, die bunt bemalt lustige Episoden aus dem Leben der Verstorbenen erzählen. Diese Idee vom *Schöner Sterben* hat sich bis heute fortgesetzt und mittlerweile kann man sich damit den Tag vertreiben, zwischen den mehr als achthundert Grabsteinen entlang zu spazieren und die bunten Kunstwerke zu betrachten. Den Rest des Nachmittags genießen wir warm eingemummelt und windgeschützt hinter dem Bus in den Klappstühlen, bis das Thermometer unter den

Gefrierpunkt fällt. Auch wenn der Spätsommer den Tag bestimmt, regiert nachts bereits der Herbst.

Unsere Gasheizung klackt, gibt ein kurzes Fauchen von sich und bleibt kalt. Durch jede Ritze kriecht die eisige Kälte in den Bus hinein und es wird ziemlich ungemütlich. Jetzt sitzen wir mit dicken Pullovern, eingekuschelt in Schlafsäcke und mit zusätzlichen Decken im Bett und wärmen uns an der einzigen Kerze, die wir dabei haben, und mit Gedanken an trockene, heiße Wüsten, türkisfarbenes Meer und paradiesische Strände.

Über uns zwischen Küche und Bett hängt immer noch die klamme Wäsche auf der quer durch den Bus gespannten Leine, die ich mühevoll im Becken der kleinen Küchenzeile geschrubbt habe und die uns noch mehr der eh schon eingeschränkten Bewegungsfreiheit nimmt. Seit zwei Wochen leben wir nun statt der gewohnten hundert auf nur noch fünf Quadratmetern, in einer Einzimmerwohnung, die Küche, Wohnzimmer, Waschhaus und zugleich ein Schlafzimmer ist und an kalten oder regnerischen Tagen ziemlich eng werden kann. Doch trotz der fehlenden Rückzugsmöglichkeiten und der 24-stündigen Anwesenheit des anderen nehmen wir das neue Leben gut an.

Es ist schön, mehr Zeit für sich und seinen Partner zu haben und alles miteinander zu teilen: Küche, Bad, Bett, Kleiderschrank. Was sich romantisch anhört, kann aber auch in die Hose gehen. Laut Statistik wird jede dritte Scheidung nach dem Urlaub eingereicht, wenn man durch die ständige Präsenz des geliebten Partners plötzlich ganz andere Seiten an ihm oder sogar an sich selbst kennenlernt, die im Alltag verborgen geblieben sind. Uns wird jetzt erst so richtig bewusst, wie wichtig nun unsere Beziehung ist. Ab sofort brauchen wir einander noch mehr als je zuvor – wir sind nicht mehr nur ein Paar, sondern beste Freunde, Reisepartner, Helfer und Vertrauenspersonen. Wir müssen uns aufeinander verlassen können. Wenn das nicht funktioniert, sollte man am besten gleich wieder umdrehen. Doch wir harmonieren sehr gut und gehen uns nicht auf die Nerven. Klammheimlich hat sich die klassische Rollenverteilung eingeschlichen, eher begünstigt durch unsere jeweiligen Stärken und Schwächen als durch unsere Vorlieben. Ich würde an den Putz- und Waschkünsten meines Mannes verzweifeln und wäre gleichzeitig vor der geöffneten Motorhaube völlig überfordert.

In der Nacht haben Eiskristalle ein Meer aus Blüten auf unsere Fenster gezaubert und wir frieren erbärmlich, bis die ersten Sonnenstrahlen vom stahlblauen Himmel unsere steifen Glieder Stunde um Stunde mehr auftauen. Der Motor braucht lange zum Warmlaufen, dann führt uns die weitere Fahrt über spektakuläre Bergstraßen und schöne Flusstäler der Westkarpaten in steilen engen Kurven stetig bergauf. Kein Asphalt stört die Natur, in einem Umkreis von hundert Kilometern gibt es keine Stadt. Das Geruckel löst ein paar Schrauben, Geschirr poltert aus dem kleinen Küchenschrank, zerbricht in tausend Teile, und der Motor verstummt. Esperanza rollt am Straßenrand aus. „Brrrrr.“ Ein Mann mit schwarzem Bart und einem dunklen Mantel, zusammengehalten von einem prächtigen breiten Ledergürtel, bremst sein Pferd aus flottem Trab in gemächlichen Schritt. Hilfsbereit führt er uns zu einem hölzernen Bauernhaus, wo Kühe vor

ihrem Heuhaufen schnauben, Schweine im Stall grunzen und Hühner, Katzen und Hasen durch den großen Gemüsegarten streunen.

In diesem Paradies aus Natur und Authentizität haben Bauern für Reisende kleine Pensionen eingerichtet. Eine kräftige Wirtin mit breiter Zahnlücke nimmt uns bei sich auf, gibt uns das Gefühl, als wären wir Freunde statt Fremde, und führt uns zu ihrem Telefon. Wir bestellen den ADAC und es ist nicht, wie vermutet, wieder die Zündkappe, der das Gerüttel zugesetzt hat, sondern diesmal der Verteiler. Ein unscheinbarer kleiner Finger, der den wichtigen Job zu erledigen hat, die Spannung über die Kappe an die Zündkerzen weiterzuleiten. Wir schleppen den Bus in den Hof und geben eine Großbestellung an Ersatzteilen auf. Währenddessen hat Ionela gekocht, das ganze Haus duftet danach, und füllt den liebevoll gedeckten Tisch im Esszimmer mit einer Schüssel

Mămăligă und Schmand – ein fester Brei aus Mais, traditionell mit einem Faden geschnitten, dazu dampfende Krautwickel, Eierschnitzel, Salat aus sauer eingelegtem Gemüse und zum Nachtisch *Lapte de pasăre,* Eischneenocken in Vanillesoße. Die Möglichkeiten im Bus sind sehr begrenzt. Zwar kann ich auf einer Flamme alles zubereiten oder mit einem kleinen blauen Campingkocher aufstocken, aber eben auch nicht mehr. Nach langen Fahrtagen habe ich oft keine Zeit und noch weniger Lust zu kochen. Außerdem sind meine herkömmlichen Rezepte von zuhause nicht mehr zu gebrauchen – entweder fehlen mir die Kochutensilien oder Zutaten, die in den Läden auf unserer Strecke nicht mehr zu finden sind. Das kann auf die Dauer etwas eintönig werden und wir begrüßen die köstliche Abwechslung. Weil es so gemütlich ist und wir uns auf eine Art zu Hause fühlen, beschließen wir, für eine Nacht der Kälte zu entrinnen. Wir wärmen uns noch lange am antiken Kachelofen mit rund geschwungener Sitzbank und ziehen uns in die gemütliche Kammer unter dem Dach zurück, ein Quartier, in dem sich auch Unmengen von Marienkäfern für die bevorstehenden Wintermonate häuslich eingerichtet haben. Eine Invasion von Glücksbringern und ein Zeichen, dass alles gut laufen wird.

Vor allem in den Dörfern Rumäniens ist es weit verbreitet, per Anhalter zu fahren. Die Wartezeit auf die Ersatzteile bietet sich an, um den Apuseni-Nationalpark zu erkunden. Mit schweren Wanderstiefeln an den Füßen stehen wir am Straßenrand, halten den Daumen raus und quetschen uns nur wenig später auf eine kleine Rücksitzbank. Aus den

Lautsprechern dröhnt knarzend Balkan-Pop – gefühlvolle Melodien, die nach Hochzeit, Volkstanz und Osteuropa klingen, rhythmisch schnell und spaßig vermischt mit Trompeten, Posaunen und Akkordeon-Klängen. Und genauso ist auch der Fahrstil vom jungen Fahrer des kleinen, knallroten, klapprigen Dacia, der seine besten Jahre schon lange hinter sich hat. Ich blicke auf die leeren Flaschen *Pálinka* im Fußraum, ein selbstgebranntes Teufelszeug aus verschiedenen Pflaumenarten und Nationalgetränk, auf das die Rumänen sehr stolz sind, und lege ihm vertrauensvoll mein Leben in die Hände. In einem Höllentempo rasen wir die Serpentinen bergauf und bergab, während er raucht, telefoniert und uns einhändig wie ein Rennfahrer durch die engen Kurven zwischen den schroffen Felswänden und steilen Abhängen lenkt.

Thorben drückt ihm ein kleines Trinkgeld in die Hand, wir wünschen ihm mit den Worten *„Drum bun!"* noch eine angenehme Reise und schon ist er wieder verschwunden. Kurz müssen wir uns noch sammeln und dann wagen wir den langen Aufstieg der Schotterstraße zur Scărișoara-Höhle, Kilometer für Kilometer die Bergkette entlang. Die Gegend ähnelt einer deutschen Vorgebirgslandschaft, Misch- und Nadelwälder wechseln sich mit Almen ab. Wie hingekleckst liegen alte, mit Reisig gedeckte Häuser in der Landschaft, ihre Bewohner mähen mit Sensen die Hangwiesen und versorgen ihr Vieh. Unsere Ausdauer ist bis zur Erschöpfung gefragt, bis wir nach Sonne, Wind, Regen und Hagel nach fast drei Stunden, sieben Kilometern und sechshundert Höhenmetern vor einem verschlossenen Tor stehen. Wie aus dem Nichts taucht ein Mann auf, der das Schloss aufsperrt, und wir steigen hinab in die bewaldete Schlucht. Über eine abenteuerliche, klapprige Metallstiege geht es in den fünfzig Meter tiefer gelegenen Schlund. Mit jedem Schritt wird es kälter, bis sich die einzige Öffnung der Höhle mit dem mehr als 3000 Jahre alten Relikt aus der Eiszeit vor uns ausbreitet. Ein vereister Holzsteg führt in die Dunkelheit und offenbart eine fantastische ewig glitzernde Eislandschaft aus Stalagmiten, Stalaktiten und einer Skulptur, deren Form an eine Kathedrale erinnert. Die ganze Welt ist ausgesperrt und einzig das Tropfen der schmelzenden Eiszapfen unterbricht die Stille. Ein so natürlicher Zustand, den ich durch die ganze Reizüberflutung des modernen Lebens wieder lernen muss zu ertragen und der erst nach einer ganzen Weile Balsam für die Seele ist.

Wie vereinbart sind die Ersatzteile eingetroffen. Thorben baut den neuen Verteiler ein, wir dürfen noch Frischwasser zapfen und werden von Ionela mit Küsschen links, Küsschen rechts und den besten Wünschen für eine gute Weiterreise verabschiedet.

Die Straßenverhältnisse machen ein rasches Vorankommen unmöglich, der Motor läuft ständig heiß und verliert stetig Kühlwasser. Wir müssen dringend eine Werkstatt aufsuchen und erst in Cluj-Napoca ist das endlich möglich. Nicht nur Esperanza hat ihre Schwierigkeiten – auch wir müssen uns erst in den neuen Alltag einfinden. Die Schmutzwäsche stapelt sich, das Gewaschene wird nicht trocken. Bedingungen einer Langzeitreise, mit denen wir in den sonst verhältnismäßig kurzen Urlauben, in denen man mit der Garderobe eines Koffers durchkommt, nicht konfrontiert waren und die uns klarmachen, was so ein Vorhaben wirklich bedeutet. So eine Reise ist kein reines Zuckerschlecken und wir müssen noch überlegen, wie wir das in Zukunft lösen wollen. Ein Leben im Bus heißt, den Großteil der Zeit im Freien zu verbringen. Da wird man zwangsläufig schmutziger, als wenn man nur zwischen Wohnung und Arbeit pendelt, und nutzt die wenige Kleidung stärker ab. Mit den stark wechselnden Temperaturen haben wir einen riesigen Verschleiß an Kleidung und Thorben vergisst beim Schrauben auch gerne mal, seinen Blaumann anzuziehen. Gleichzeitig sind die Hygienemöglichkeiten begrenzter. Unser Wassertank über dem Fahrerhaus ist endgültig durchgerostet und wir schöpfen zum Duschen sparsam das kalte Wasser aus Kanistern, die uns das ganze Bad zustellen. Sie müssen immer wieder aufgefüllt werden, aber fließendes Wasser ist Luxus und nicht einfach zu finden. Aber unser Empfinden von schmutzig sein und sich schmutzig fühlen ändert sich mit der Zeit.

Esperanza steht in der Halle des Subaru-Händlers und wir beziehen das Hotel direkt nebenan. Während die Waschmaschine auf Hochtouren läuft und wir im Jacuzzi den Muskelkater kurieren, kommt im Fernsehen die Übertragung Bayern-München gegen den CFR Cluj.

Kurz vor acht am nächsten Morgen stehen wir in der Werkstatt. Während die Männer noch am Arbeiten sind, fülle ich unsere Lebensmittelreserven im nahegelegenen Penny-Markt auf, der ein vergleichbar vielfältiges Angebot wie zuhause aufweist. Nachdem ich mir einen Überblick verschafft habe, fällt es leicht, alles für die nächsten Tage einzukaufen. Ich kann es aber kaum glauben, wie niedrig der Rechnungsbetrag ist, den ich zahlen muss. Zuhause wäre ich für den gleichen Inhalt des Wagens ein Vielfaches losgeworden und freue mich, dass wenigstens die Preise für Lebensmittel den niedrigen Löhnen angepasst sind. Von dem, was mir die nette Kassiererin alles erzählt, verstehe ich kein Wort, bringe aber immerhin zur Verabschiedung ein *„La revedere"* zustande. So vergeht die Wartezeit wie im Flug. Das Thermostatventil ist repariert und auch die Heizung funktioniert wieder. Als Thorben bezahlen möchte, weigert sich der Chef, auch nur einen Euro dafür zu nehmen. „Ihr seid Gäste und es war uns ein Vergnügen." Eine wirklich schöne Erfahrung mit rumänischer Gastfreundschaft. Nach einer Testfahrt kehren wir zur Werkstatt zurück, umarmen den Mechaniker und drücken ihm dankbar hundert Lei Trinkgeld in die Hand, tanken nochmals auf und fahren eine Panoramastrecke durch die Transsilvanischen Alpen.

Wir passieren Geisterdörfer mit Häusern, die alle leer zu stehen scheinen. Die Straße windet sich immer höher hinauf mit einer wunderbaren Aussicht auf den Karpatenbogen. Auf der Passhöhe sind die Temperaturen ordentlich abgekühlt, alles ist in dicke Wolken gehüllt und es beginnt zu nieseln. Die Transalpina führt in engen Serpentinen wieder hinunter in das Tal des Flusses Sebes entlang der Königstraße durch eine waldreiche Region und endet für uns mit einem herrlichen Stellplatz an einem rauschenden Wildbach.

Straßenhändler verkaufen Knoblauchzöpfe und künden unsere Ankunft in Draculas Heimat an. Das Schloss Bran, Wahrzeichen und Mysterium Rumäniens, hat dem Ort zu einigem Wohlstand verholfen und die unzähligen Restaurants, Hotels und Souvenirgeschäfte zeugen davon, dass sich in der Hochsaison massenhaft Touristen tummeln, obwohl der bekannteste Vampir weltweit nachweislich nie hier war. Das Bauwerk thront auf einem Kalksteinfelsen und ist ein wuchtiges Gemäuer voll kleiner Türmchen und Erker. Völlig verwaist steht es heute da und offenbart uns ohne Trubel mit schmalen, düsteren Stiegen und überdachten Fachwerk-Gängen zwischen einzelnen verwinkelten Räumen seine mittelalterliche, schaurige Atmosphäre. Und wie im Roman von Bram Stoker beschrieben, liegt das Schloss am Rande eines grandiosen Abgrundes mit einer weiten 360-Grad-Aussicht, bei der das Auge bis zum Horizont über ein Meer von Baumkronen schweift.

Hinter Brasov, der Hauptstadt Siebenbürgens, ändert sich die Umgebung schlagartig. Die lieblichen Dörfer mit ihren Bauernhäusern und die Berge verschwinden, stattdessen führt die schnurgerade Straße durch eine flache, eintönige Landschaft. Am Horizont erheben sich Betonhäuser im Ostblockdesign und Fabriken blasen dichten, dunklen Rauch aus den Schloten, der sich wie Nebel auf die Umgebung niederlässt.

Am Rand von Buzău leben Roma, bis in die Mitte des 19. Jahrhunderts hinein als Sklaven gehalten und jetzt wegen ihrer Herkunft ausgeschlossen, in unvorstellbarer Armut. Sie wohnen in winzigen windschiefen Bretter- und rostigen Blechhütten, zusammengehalten mit etwas Draht, ohne fließend Wasser und Strom. Ringsherum spielen Kinder in Schmutz und Dreck. Slums mitten in Europa, die mir zeigen, in welch nahezu perfekte Welt ich doch hineingeboren wurde. Rumänien ist ein Industrie- und gleichzeitig Entwicklungsland. Fehlende Bildung, Armut, Gewalt und Gleichgültigkeit, kaputte Familien und Kinder ohne richtiges Zuhause sind ein großes Problem – und diese fatale Mischung spiegelt sich auch in der Stadt unbarmherzig und zwiespältig wider. Es ist dreckig und grau in grau, alte Plattenbauten mit heruntergekommenen Fassaden säumen die breiten Straßen, dazwischen Einkaufszentren, Mobiltelefongeschäfte und eine pulsierende Chemiebranche.

Ein großer Parkplatz wird unser heutiger Übernachtungsplatz, um uns herum Müll und Straßenhunde, die sich lautstarke Gefechte liefern. Nachdem ich Futter vor den Bus gestellt habe, legen sie sich darunter und passen auf uns auf. Die ohrenbetäubende Musik einer Feier hält uns noch lange vom Schlafen ab und frühmorgens weckt uns lautes Stimmengewirr.

Heute ist Markt und um uns herum haben sich die unterschiedlichsten Stände ausgebreitet. Menschen huschen an uns vorbei. Jeder hat es eilig, der eisigen Kälte zu entkommen. Wir sind eingekeilt, deswegen ist an Weiterfahren nicht zu denken. Und so schlendern wir bis in die Mittagsstunden zwischen den ausgestellten Waren hindurch, suchen nach all den Dingen, die man im täglichen Leben als Überlandfahrer so braucht, kaufen neues Geschirr und finden einen rosafarbenen Wasserspender mit Klappdeckel: unsere neue Waschmaschine. In die fülle ich vor Fahrtbeginn Wäsche, Wasser und Waschpulver, während die reichlich vorhandenen Schotterpisten dafür sorgen, dass alles ordentlich durchgeschüttelt und geschleudert wird. Am Zielort angekommen, muss ich mich nur noch beim Durchspülen und Aufhängen der Wäsche anstrengen.

Es ist kaum zu glauben, dass hier, wo sich sozialistische Städteplaner ausgetobt haben, nur wenige Kilometer entfernt Wildnis und Steppe und ein unter Naturschutz stehendes wüstenartiges Gebiet liegen. Schäfer, wandernde nationale Symbole, ziehen mit ihren Herden über die hügeligen Wiesen. Sie gehören zum Alltagsbild in Rumänien und werden in zahlreichen romantischen Liedern besungen. Als wir die Anhöhe erreichen, wird vor unseren Augen eine graue Mondlandschaft mit Dutzenden Löchern und Kegeln sichtbar und wir hören ein vorerst leises „Blubb", das mit der Zeit immer lauter wird, während wir uns den *Vulcanii noroioși* nähern. Methangase aus einer Tiefe von 3000 Metern modellieren mit dem zusätzlich aufsteigenden Ton und Wasser an der Erdoberfläche bis zu acht Meter breite Vulkane, austretender Schwefel und Salzwasser verhindern nahezu jegliche Vegetation. Es gibt keine abgesperrten Wege und wir können uns auf dem ganzen Gelände frei bewegen, sogar den Finger in den Schlamm halten, der überraschenderweise kalt ist.

So wie die Donau, die sich hier in tausend Arme aufsplittert und ein riesiges Delta aus Land, Schilf und Wasser bildet, suchen auch wir das Meer und nehmen Kurs gen Süden. Bis an das Ufer des Schwarzen Meeres ist ein Anhalter bei uns an Bord und unterhält uns zweihundert Kilometer lang. Je mehr wir nicken und lächeln, erklären, dass wir kein Wort Rumänisch sprechen, desto gesprächiger wird unser Gast. Schick sieht er aus, mit seinem Tweedanzug, einem Hut über dem schlohweißen, exakt geschnittenen und frisierten Haar und der Blume im Revers. Ob ihn die Liebe nach Constanta führt und ihn den langen Weg auf sich nehmen lässt? Es ist zu schade, dass wir ihn nicht verstehen können. Ein bunt bemaltes, ehemaliges Küstenwachschiff am Straßenrand begrüßt die Ankommenden, kündigt die Hafenstadt Constanta und das Ziel unseres Mitfahrers an. Thorben hilft dem alten Mann sicher aus dem Bus heraus, der ihn zum Dank umarmt und auf die Stirn küsst – und beschwingt in Richtung Zentrum verschwindet.

Die knapp zweihundert Kilometer lange Schwarzmeerküste mit ihrem feinen, weißen Sand und dem seichten blauen Meer verspricht Ruhe und Erholung und lockt

Urlauber in die wohlklingenden Badeorte Neptun, Jupiter, Venus und Saturn. Es heißt, die gesamte Schwarzmeerküste sei gut ausgebaut. Mit Ausnahme der Stellen, wo das Land zu steil ins Meer abfällt, wird tatsächlich alles genutzt, um Touristen im Massenbetrieb abzufertigen. Nicht gerade das, was wir uns vorgestellt haben. Wir kämpfen uns durch die Staus und finden letztendlich doch einen Schotterweg, gesäumt von Bauruinen aus kommunistischen Zeiten, der uns bis zur Uferpromenade führt und einen kostenfreien Parkplatz mit Meerblick beschert.

Da liegt es also glitzernd in der Sonne, denke ich mir, während sich meine Füße in feinstem Sand eingraben. Das Schwarze Meer. Das immer schon ein Meer zwischen Ost und West und Nord und Süd war. Und das gar nicht schwarz, sondern tiefblau schimmert – und uns zu einem Bad einlädt, um diese Zeit mit einer Wassertemperatur von sechzehn Grad aber viel zu kalt ist. Obwohl es schon spät ist und wir unendlich müde sind, raffen wir uns auf und nutzen die Gelegenheit, nicht an einem Ort zu stehen, wo Waldbrandgefahr droht, sammeln Holz und machen ein kleines Feuer. Währenddessen beginnt der Himmel, sich in den schönsten Tönen zu verfärben. Eng

umschlungen stehen wir da, sodass nicht einmal ein kühler Hauch der Abendbrise zwischen uns Platz hätte. Wir sind vertieft in den Anblick und sprechen kein Wort – bis die Sonne nicht mehr zu sehen ist, orangefarbene, rosa und violette Verzierungen hinterlässt und den Mond schickt. Das Leben ist schön. Trotz der nicht ganz so feinen Kulisse hat sich allein dafür die ganze Reise schon gelohnt. Der Mond schimmert silbern auf den Wellen und sein Licht tanzt phosphoreszierend auf der Gischt. Die Straßenhunde ziehen einen immer dichter werdenden Kreis um unseren Bus, sind mir nicht ganz geheuer und ich ziehe mich mit meinem Buch ins Bett zurück. Ohne Versorgerbatterie, nur über die Starterbatterie ausgestattet, saugt die Beleuchtung unsere neue Batterie leer. Also lese ich mit Stirnlampe und hoffe, dass sich am nächsten Morgen jemand findet, der uns überbrücken kann, bevor es weiter zur Grenze geht.

Bulgarien

Da in Europa keine Grenzen mehr zwischen den Ländern bestehen, fällt die Einreise ins Nachbarland meist gar nicht auf. In Bulgarien ist das anders. Der Balkanstaat begrüßt uns mit verwitterten, in kyrillischen Buchstaben geschriebenen Landstraßen- und Ortsschildern, die wir nicht entziffern können. Wer genau die kyrillische Schrift erfunden hat, ist bis heute umstritten. Aber man ist sich einig, dass das kyrillische Alphabet wahrscheinlich in der Mitte des 10. Jahrhunderts, abgeleitet aus dem griechischen Alphabet in seiner byzantinischen Form, am Hofe des bulgarischen Zaren in Preslaw entstand. Von Osteuropa verbreitete es sich über den Kaukasus bis nach Zentralasien und Sibirien und ist noch immer gebräuchlich. Das sorgt für die erste Verwirrung und stellt uns neben der Sprache und Währung auf die Probe.

Schon von weitem sieht man den Leuchtturm von Schabla, mit seinen 28 Metern der größte im ganzen Land. Die rote Signalfarbe ist längst verblichen und zeugt vom Verfall, typisch für die nördliche Küstenregion, die sich, scheinbar vergessen, von ihrer allerschönsten, wilden und ursprünglichen Seite zeigt. Hier beginnt die Steilküste.

Ein lauer Meereswind streicht über die goldgelb erstrahlenden Steppengräser des Plateaus, schwarz-weiß gefleckte Kühe trotten gemächlich am Felsrand entlang. Wir folgen der asphaltierten Straße bis zu ihrem Ende, biegen links ab, überqueren einige Wasserlöcher und finden einen kleinen Sandstrand, eingefasst von zerklüfteten, rotgoldenen Klippen. Die Sonne und der blaue Himmel mit seinen Schäfchenwolken machen das Schauspiel in der sichelförmigen Badebucht perfekt. Die quirligen, zugebauten Badeorte sind verschwunden. Wildcamping ist nicht überall gerne gesehen, doch hier stört das niemanden. Am nördlichsten Zipfel der bulgarischen Schwarzmeerküste gibt man nicht so viel auf Regeln. Bisher haben wir meist auf Parkplätzen, an Tankstellen oder am Straßenrand übernachtet, und Bolata kommt dem Paradies schon sehr nahe. Hier wollen wir bleiben. An *unserem* Strand, einsam und allein, uns ganz auf die Natur einlassen, uns ein paar Tage ohne Fahren und Stellplatzsuche gönnen und Urlaub machen. Die Batterien wieder aufladen. Denn die letzten Wochen waren mindestens so anstrengend wie aufregend und uns steckt immer noch der Stress der letzten Vorbereitungen vor der Abfahrt in den Knochen. Meerblick, Ruhe und sommerliche Temperaturen: Mehr brauchen wir nicht zum Glück und um in

einen Zustand der Leichtigkeit zu versinken. Nur zu gerne würden wir gänzlich dem Nichtstun frönen und doch muss immer etwas gemacht werden. In gewisser Hinsicht haben wir trotzdem einen Alltag, den wir aber selbst bestimmen und dabei entscheiden, ob er überhaupt grau und langweilig werden muss.

Knapp zwei Wochen sind wir jetzt unterwegs. Es hat eine Weile gebraucht, eine Routine zu entwickeln und unser Hab und Gut platzsparend und zugleich praktisch, ohne große Handgriffe, im Bus zu verstauen. Und genau an diesen Platz muss es immer wieder zurückgestellt werden, Abfall sofort in den kleinen Eimer, Geschirr gleich spülen, damit der wenige Raum nicht im Chaos versinkt und man sich überhaupt nicht mehr bewegen kann.

Mittlerweile haben wir uns soweit eingependelt, gelernt, etwas penibler zu sein und auf Ordnung zu achten. In einem Bus zu leben heißt, ständig den Sand und Schmutz herauszukehren und durchzuwischen. Weniger Quadratmeter putzen als zuhause, aber dafür öfter, manchmal gar mehrmals am Tag, um den Sand nicht ins Bett zu tragen. Und am Ende bleibt doch nicht so viel Freizeit übrig, wie man sich das eigentlich vorgestellt hat. Allerdings vergeuden wir auch keine Minuten oder Stunden mit Telefonieren, dem Abfragen und Beantworten von E-Mails oder surfen im Internet herum. Wir sind bewusst offline und abgeschnitten von der digitalen Welt.

Eigentlich ist es viel zu schön, um schon weiterzufahren. Aber wenig autark zu sein ist ein Nachteil der vollkommenen Abgeschiedenheit. Es gibt keinen Strom, die Batterie muss geladen werden. Unser Trink- und

Waschwasser, ebenso die Lebensmittel gehen zur Neige. Wir müssen weiter, die Zivilisation aufsuchen und einen Supermarkt finden. Noch ein letztes Mal genießen wir den traumhaften Sonnenuntergang, die sternenklare Nacht, sitzen vor dem Lagerfeuer und besprechen die weitere Route. Am nächsten Tag werden wir vom Meeresrauschen geweckt, schlagen die Augen auf und haben den Sonnenaufgang vor der Nase. Wer weiß, wann wir wieder in so einer perfekten Umgebung campen dürfen, denke ich wehmütig. Dann verlassen wir Bolata Beach.

Es wird rau und windig und mit dem Kap Kaliakra erreichen wir wieder die Küste. Eine Legende erzählt von vierzig bulgarischen Jungfrauen, geführt von der bildhübschen Kaliakra, die von den Klippen ins Meer gesprungen sind, um sich vor den Osmanen zu retten. Seitdem ist der Fels als einzige Stelle an der Küste blutrot und bezeugt diese tugendhaften Heldinnen. Auch die Region erwies sich im Laufe der Geschichte immer wieder als Streitpunkt zwischen den anliegenden Staaten und der am Schwarzen Meer interessierten großen Mächte. Bereits im 4. Jahrhundert wurde das Kap befestigt und während des Mittelalters eine Festung gebaut. Durch den Torbogen der imposanten Mauer sind es noch gut hundert Meter über einen kleinen Weg bis zur Landesspitze, vorbei an einer Steppenebene, umsäumt von tiefblauer See, die unermüdlich an die steil herabfallenden Klippen des Kaps schlägt. Eine kleine Kapelle schließt das Landesende ab. Ich setze mich am Rand des Felsvorsprungs auf den östlichsten Punkt Bulgariens, der siebzig Meter tief ins Schwarze

Meer hineinreicht, und schaue zur See hinaus. Zwei Streifen tauchen immer wieder auf. Es sind Delfine, die, anders als die großen, hellgrauen Tümmler, mit ihrem dunklen Rücken im türkisen Wasser gut zu erkennen sind und immer wieder auftauchen, um nach Luft zu schnappen, bis sie an einer Klippe aus meinem Blickfeld verschwinden. Wie gerne würde ich diesen traumhaften Ausblick mit Thorben teilen, der heute so gar keine Lust auf Sightseeing hat. Es ist unsere gemeinsame Reise, aber wir haben auch beide unsere eigenen Vorstellungen, wie sie im Detail verlaufen soll. Jeder soll das bekommen, was er möchte, und so zieht Thorben lieber den Keilriemen fest und wartet auf meine Rückkehr.

Wir befinden uns am Scheidepunkt zwischen der menschenleeren, romantischen Region Dobrudscha und den langen Sandstränden der Touristenorte. In den vergangenen Jahren wurden Hotelburgen gebaut, was die Fläche hergab. Schönheit sucht man vergeblich. Mehr als 500.000 Betten soll es allein um die Stadt Burgas geben. Ab Juni steppt der Bär zwischen Goldstrand und Sonnenstrand und macht die Nacht zum Tag. Eine Urlaubsindustrie, die als *Mallorca am Balkan* angepriesen wird.

Moderne Hotels, bunte Plastiken, Straßenhändler und Billigwaren-Verkäufer, Diskotheken und Bars mit Namen wie *Ballermann 6* säumen die Partymeile an der Bummelpromenade. Ende September kehrt wieder Ruhe ein und jetzt im Oktober wirkt alles wie ausgestorben. Mit etwas Fantasie entdeckt man neben den Betonburgen und zugebauten Stränden noch Schönheiten wie die Altstadt von Nessebar, die in ihrer Gesamtheit in die UNESCO-Liste des Weltkulturerbes aufgenommen wurde. Ein Ort, den ich von einer früheren Reise mit meiner Freundin Anja in bester Erinnerung behalten habe. Eine alte Mühle neben der Straße weist uns den Weg über einen Damm zur hoch über der felsigen Steilküste gelegenen Halbinsel. Noch heute betritt man den historischen Stadtkern durch eine Pforte, die als Teil der Festung schon seit Jahrtausenden die Stadt schützt. Wir flanieren durch die engen, kopfsteingepflasterten Gassen, deren Bild geprägt ist von typischen Schwarzmeerhäusern mit ihrem steinernen Erdgeschoss und den oberen Stockwerken, die aus Holz gefertigt sind. Ich bin erneut verzaubert, während ich

Thorben bewundernswerte alte, typisch byzantinische Kirchen mit Streifenmustern aus verschiedenen roten Ziegeln und das antike Theater zeige. Einige Stufen führen hinunter zum kleinen Hafen der malerischen Bucht, in der im Sommer auch große Kreuzfahrtschiffe einlaufen. Heute schaukeln dort bunte hölzerne Fischerboote. Die Fischer flicken ihre Netze und bieten den Fang des Tages an die umliegenden Märkte und auch an mein Lieblingsrestaurant feil.

„Guten Appetit", wünscht uns George, Koch im gleichnamigen Restaurant, der mich freudestrahlend wiedererkannt hat, serviert eine kunstvoll garnierte Platte mit Meeresfrüchten und setzt sich zu uns an den Tisch unter der schattigen, dicht bewachsenen Weinlaube. Wir sind die einzigen Gäste.

„Früher war alles besser und ursprünglicher. Die All-Inklusive-Angebote der großen Hotels und die vielen anderen Restaurants halten mir die Gäste fern", schimpft er in sehr gutem Deutsch, das er während seiner langjährigen Tätigkeit in Deutschland gelernt hat. Verdrießlich blickt er in sein leeres Lokal. „Aber man muss immer in die Zukunft schauen", sagt er dann, stößt unsere Schnapsgläser mit seinem Rakija an und zieht sich lachend in seine Küche zurück. „*Na zdrave!*"

Der Duft von Kalamari und dem gegrillten Blaubarsch steigt uns in die Nase. Wir machen uns mit großem Appetit über die Fischplatte her und verputzen Shrimps, japanische Makrelen und Muschelsalat. Dazu gibt es frittierte, stark gesalzene Sprotten und einen traditionellen *Schopska*-Salat, frisch zubereitet aus Tomaten, Gurken, Salzlaken-Schafskäse, Essig und Öl. Obwohl wir schon eine sättigende Vorspeise – *Dolma,* in Weinblätter eingeschlagener, gewürzter Reis – hatten, hält uns das nicht davon ab, das Menü noch mit Joghurt und Honig abzurunden. Da der Joghurt in Bulgarien eine ganz besondere Bakterienkultur, den *Lactobacillus bulgaricus,* enthalten soll, gibt uns das zumindest das Gefühl, dem Darm noch etwas Gutes getan zu haben.

Mit vollen Bäuchen klettern wir in den Bus und fahren weiter gen Süden. Unfähig, uns zu bewegen oder groß zu unterhalten, schweigt jeder vor sich hin und hängt seinen Gedanken nach.

Normalerweise würde ich um diese Uhrzeit im Büro an meinem Schreibtisch sitzen. Heute, morgen, jeden lieben Wochentag. Von acht bis siebzehn Uhr. Unterbrochen nur von 25 Tagen Urlaub im Jahr – aber nie mehr als zehn am

Stück – irgendeine Abgabefrist im Büro gab es immer einzuhalten. Da bin ich jetzt schon weit drüber, denke ich lächelnd, und danke im Stillen meinem ehemaligen Arbeitgeber, mir die quälende Entscheidung abgenommen zu haben. Selbst wenn der Hintern manchmal wehtut und der Rücken schmerzt, weil wir viele Stunden am Tag im Bus sitzen, gibt es im Moment nichts, was ich lieber täte. Es fühlt sich an, als hätte ich nie etwas anderes gemacht und die Zeit vor der Abfahrt wäre das Leben eines fremden Menschen gewesen. Es geht immer weiter und ich blicke nicht mehr zurück, sondern nur nach vorne. Jetzt muss ich es nicht mehr ständig jemandem recht machen und Erwartungen erfüllen. Ich habe das Gefühl, endlich wieder durchatmen zu können. Ich denke weniger nach, fühle mich lebendig und wirklich frei. Die Windschutzscheibe ist wie eine große Kinoleinwand. Wir nehmen jeden Meter und die Übergänge der Landschaftswechsel wahr, sehen, wie sich die Menschen und ihre Gesichtszüge langsam verändern, spüren, wie das Klima nach und nach wechselt – wie groß die Welt eigentlich ist. Wir wissen nicht, was uns auf dem nächsten Kilometer erwartet. Mit dem eigenen Zuhause auf vier Rädern sind wir unabhängig, entscheiden, wo wir abbiegen und eine Pause einlegen. Und egal, wo der Tag endet, wir sind daheim.

Eine endlose Buckelpiste durch den Naturpark Standzha, das größte Schutzgebiet Bulgariens, reißt mich aus meinen Gedanken. Kurvig windet sich die schmale Straße aus dem 2000-Seelen-Dorf Malko Tarnovo die bewaldeten Hügel hinauf und endet am Grenzgebiet.

Türkei

Mit Bulgarien lassen wir die EU und auch den reibungslosen Ablauf an den Grenzen hinter uns. „Tut uns leid, im Moment ist der Computer ausgefallen. Sie müssen sich gedulden." Personenkontrolle und Fahrzeugregistrierung machen in Summe drei Stunden Warten, dafür bleibt uns die Gepäckkontrolle erspart. Esperanza springt im unpassendsten aller Momente nicht mehr an. Wir blockieren die gesamte Durchfahrt auf dem Grenzhof und eine seichte Anhöhe verhindert alle Versuche, sie aus dem Weg zu schieben. Ich leiere beim Schadenservice des ADAC die Daten runter – die ich mittlerweile auswendig kann – und eine Stunde später sind alle Zündkabel befestigt und der Motor läuft wieder. Nur die Beamten, die sind müde, haben keine Lust mehr, unser Hab und Gut zu untersuchen, und entlassen uns in Land Nummer sechs der Reise.

Wir entscheiden, trotz Dunkelheit weiterzufahren, und finden unseren ersten Stellpatz in der Türkei an einer Tankstelle. Thorben bittet den Tankwart, Benzin einzufüllen. Er ist felsenfest davon überzeugt, unser 319er Mercedes sei ein Diesel, und füllt auch ebendiesen ein. Erst als Thorben die Motorhaube öffnet und ihm den Vergaser zeigt, ist er überzeugt, holt einen Schlauch und saugt den Tank mit dem Mund leer – und das bei Benzinpreisen, die neben Norwegen mit rund 1,85 Euro pro Liter die höchsten in Europa sind! Wir stocken unsere Wasservorräte auf, parken am Straßenrand und lassen den Abend bei landestypischer Kost mit *Cig Köfte* und Bulgursalat ausklingen.

Pünktlich um sechs Uhr werden wir am nächsten Morgen zum perfekten Einstieg in die islamische Kultur geweckt. Der Muezzin predigt lautstark den Weckruf von einer der vielen Moscheen in der unmittelbaren Nachbarschaft. Mit uns ist auch der Verkehr erwacht. Wir nähern uns dem zu Hippie-Zeiten logischen Durchgangspunkt auf dem Weg nach Indien. Hier liefen alle Wege zusammen. Aber schon weit vor Istanbul kündigen sich die ersten Automassen an – ein Chaos, dem die Metropole kaum noch Herr wird. In meiner Arglosigkeit habe ich mir vorgestellt, gegen Mittag ein wenig Sightseeing zu machen und gegen Abend weiterzufahren. Stattdessen reihen wir uns brav in den Schnellstraßenstau, fädeln uns durch das riesige Nadelöhr einer zehnspurigen Mautstation, werden Teil des stadtinternen Staus und nehmen gemächlich Kurs auf das historische Zentrum. Trotz unseres GPS verpasst Thorben eine Abfahrt – und wir rollen nicht gemütlich an das Marmara Meer – sondern stecken im Basar fest, durchzogen von engen und steilen Gassen. Marktstände, Fußgänger, parkende Autos. Hier einen Parkplatz zu finden, wäre ein Lottogewinn mit Zusatzzahl – heil herauszukommen ebenfalls. Unser Stresslevel steigt und steigt und ich versuche, mich nicht aufzuregen, um Thorben damit nicht nervös zu machen. Die Durchfahrt wird immer schmaler – und als Esperanza wieder auf die Hauptstraße ploppt, fehlen ihr ein Blinker und das Abluftgitter vom Seitenwandlüfter.

Nur zu gerne würden wir kurz anhalten und verschnaufen, aber die Blechkarawane fließt und zieht uns mit sich ohne Ausweg. Die volle Blase entleeren wir unter-

wegs, klettern abwechseln nach hinten ins Badezimmer und wechseln schließlich unfreiwillig und mit den Nerven am Ende über die einen Kilometer lange Bosporusbrücke den Kontinent. Hinter uns liegen nun die Meeresenge, die geographische Grenze zwischen Europa und Asien, und der ADAC-Joker. Aber mittlerweile wissen Thorben und ich, dass wir auf die Hilfsbereitschaft der Menschen vertrauen und zählen können. Selbst in den entlegensten Gebieten kommt irgendwann jemand vorbei. Mechaniker verstehen noch ihr Handwerk, können reparieren und im Notfall ein Ersatzteil selber improvisiert zusammenbauen, anstatt es wegzuwerfen und auszutauschen.

An einer Shoppingmall findet sich endlich ein Parkplatz. „Wir können doch Istanbul nicht verlassen, ohne es gesehen zu haben", rede ich auf Thorben ein, schleife ihn in ein Taxi und zwei Stunden später und vierzig Euro ärmer sind wir am Ziel.

Einst eine bedeutende byzantische Kirche, diente die Hagia Sophia als Zentrum der christlichen Religion. Das wohl faszinierendste aller Mosaiken, der thronende Christus, befindet sich direkt über uns am Eingang. Als wir den Hauptraum betreten, macht sich ein Staunen breit. Unsere Blicke führen hoch zu der 56 Meter hohen, eindrucksvollen Kuppel mit einem Durchmesser von 31 Metern, die den gesamten Innenraum beherrscht und von vier mächtigen Pfeilern getragen wird. Rund neunhundert Jahre nach ihrer Erbauung, als die Osmanen das ehemalige Konstantinopel eroberten, wurde sie zur Moschee umfunktioniert. Lichtstrahlen, die durch die einzigartig konstruierten Fenster hindurch kommen, und weitere Halbkuppeln machen den Anblick perfekt. Die christliche und die islamische Kultur könnten kaum beeindruckender miteinander verschmolzen sein.

Danach schlendern wir zum Kapali Carsi, dem Großen Basar, und tauchen durch eines der siebzehn dunklen Tore ein. Ein Labyrinth aus engen Gassen, kleinen Plätzen und Passagen – mit etwa 4000 Geschäften. Hier gibt es nichts, was es nicht gibt: Kleidung, Goldschmuck, Bücher, Antiquitäten, Teppiche, Souvenirs, Gewürze und Trockenobst in einer orientalischen Atmosphäre. Es wird gehandelt und gefeilscht. Flexibel, wie die Mentalität der Händler ist, beherrschen sie auf Knopfdruck die wichtigsten Sprachen der Touristen: Deutsch, Spanisch, Russisch und Englisch. Sie sind Ansprech- und Verkaufsgenies und schnell ist hier etwas gekauft, was man ursprünglich gar nicht wollte. Da unser Platz im Bus sehr begrenzt ist, beschränke ich mich auf ein paar Kleidungsstücke und

Utensilien für den Iran: Eheringe, ein Kopftuch und eine langärmelige Tunika in zweifacher Ausfertigung zum Wechseln, die weit ist und mein Hinterteil vollständig bedeckt. Wir tauchen vollends ein, lassen uns treiben. Dabei essen wir Unmengen des klebrigen, zuckersüßen *Baklava*, Schichten von Blätterteig mit Nüssen, Mohn und Rahm, das sich mit Honig und Zuckerwasser vollgesaugt hat, und nehmen an fast jedem Stand die Einladung zum Cay-Trinken an. Dem Volkssport Nummer Eins.

Währenddessen schleichen Wolken über den Horizont, schließen sich dicht und schwer zusammen und färben ihn tiefschwarz. Es donnert über uns und plötzlich öffnet der Himmel seine Schleusen. Dicke Regentropfen stürzen herab. Wieder im Bus streifen wir die nassen Sachen ab und schalten die Gasheizung an, die grummelnd zum Leben erwacht. Allmählich wird es warm, während ich

Platz mache, um das Bett aufzubauen. Esperanza wiegt sich im Wind, Regen prasselt auf das Dach. Durch die Decke. Genau in unseren Schlafbereich. Nur hier, sonst nirgends. Hastig zerren wir alle Campingtöpfe und Schüsseln aus dem Schrank, platzieren sie akkurat auf den bereits entstandenen Pfützen und wissen nicht, ob das Ganze nun zum Lachen oder Weinen ist. Zeitgleich schweifen unsere Blicke durch das Fenster in Richtung des Fünf-Sterne-Hotels. Eine Überlandreise ist kein klassischer Urlaub und trotz Minimalismus summieren sich schnell die Ausgaben. Aber auch wenn wir sparsam sein müssen, sollte man sich gelegentlich mal etwas gönnen. Also verstauen wir lachend Zahnbürsten und trockene Klamotten im Rucksack.

Der Motor brummt monoton, die Scheibenwischer sind im Dauereinsatz und tanzen wild und quietschend über die beschlagene Windschutzscheibe. Schweigend starre ich durch das Seitenfenster und kann die von Bergen, Wildbächen und Nadelwäldern geprägte Landschaft nur schemenhaft erahnen. Sie verschwimmt mit den herabrinnenden Tropfen. Einzig die prallen, roten Granatäpfel an den Bäumen und in den am Straßenrand gestapelten Holzkisten leuchten hervor. Der Wetterbericht verheißt nichts Gutes, kündigt für die gesamte Nord-Süd-Durchquerung der Türkei keinerlei Besserung an. Es wird Herbst. Immer mehr Herbst.

Der Regen bleibt unser ständiger Begleiter. Mit dem trüben Himmel sinkt auch die Laune. Seit Tagen sind unsere Klamotten klamm und der ganze Bus sieht schlimm aus, weil wir ständig den Dreck von draußen mit reinbringen. Thorben zerkaut sich die Langeweile hinter dem Steuer mit Kürbiskernen und lässt Hülse für Hülse in den Fußraum rieseln, während ich immer wieder den Fahrerraum trockenwische und neue Tücher in die porösen Ritzen und zwischen undichte Fenster klemme. Wir sind gereizt, aber haben gelernt, mit Konfliktsituationen anders als zuhause umzugehen. Rücksicht zu nehmen, einen Streit im gleichen Moment beizulegen und schneller Kompromisse einzugehen. Zusammen reisen bedeutet auch, Situationen richtig zu deuten, nicht persönlich zu nehmen und sich zusammenzureißen.

Es wird karger in der Region Denizli, über uns zucken lange Blitze über den düsteren Himmel, unterbrochen von heftigem Donnergrollen. „Ich glaube, Pamukkale können wir vergessen", murmele ich enttäuscht. Doch einem Wunder gleich ist schon von weitem über den Kalksinter-Terrassen ein kreisrundes Loch in der dichten Wolkendecke zu erkennen, aus dem die gleißende Sonne das Naturwunder in der sonst kargen Landschaft hell erstrahlen lässt. Wir wechseln in Sommerkleidung, setzen die Sonnenbrillen auf, geben unsere Schuhe am Eingang ab und betreten die Watteburg. Strahlend weiß und glänzend erheben sich die Kaskaden und wirken wie ein unendlich breiter Wasserfall. Sie ragen auf einer Felskante empor, über die kontinuierlich und seit Urzeiten wohliges, bis zu 35 Grad warmes Wasser von einem Becken in das nächste läuft. Beim Abkühlen und Verdunsten hat sich der Kalk in unendlich vielen schönen Formationen an dem Bergzug abgesetzt und erschuf so über Jahrtausende eine atemberaubende Gesteinsformation, die weltweit ihresgleichen sucht und seit 1988 zum Weltkulturerbe der UNESCO gehört. Den heißen Quellen wird eine heilende Wirkung nachge-

sagt, denn sie enthalten für den Körper wichtige Mineralstoffe und locken daher in der Hauptsaison viele Tausend Besucher an. Wir haben sie heute ganz für uns alleine.

Mit uns verlässt auch die Sonne diesen magischen Ort und wird von Wolken und Regen abgelöst. Das Navi schickt uns durch eine weite, sanft geschwungene Hügel- und Steppenlandschaft des türkischen Hinterlandes bis in das bergige Lykien. Da man hier im westlichen Teil des Taurusgebirges früher glaubte, die Seelen der Verstorbenen würden von Vögeln in den Himmel getragen, wurden die Grabstätten in Form von malerischen Häusern so hoch wie möglich in den Felsen der steil abfallenden Berghänge gehauen und mit aufwendigen Reliefs und Inschriften verziert. Bestattet wurden dort jedoch nur die reichsten Einwohner der Stadt, die sich solchen Aufwand leisten konnten.

Ein Herz für die Ärmsten hatte der wohl berühmteste Einwohner der antiken Stadt Myra. Jedes Jahr am Morgen des 25. Dezember legte die vermummte Gestalt mit einem großen Beutel in der Hand Äpfel, Nüsse und Spielzeug vor die Türen ihrer Häuser. Der Brauch des Sankt Nikolaus, auch Santa Claus, Väterchen Frost oder Heiliger Nikolaus von Myra genannt, wurde über die teilweise 3000 Meter hohen Berge in die Welt hinausgetragen. Nach seinem Tod am 6. Dezember 343 wurde es Sitte, an diesem Tag Geschenke in einem Strumpf zu verstecken.

Erst seit den 1970er Jahren sind die direkt hinter dem Gebirge liegenden Orte der türkischen Riviera über den Landweg erreichbar. Zahllose Serpentinen bringen uns tiefer und tiefer durch dichte Kiefernwälder bis auf Tuchfühlung mit dem türkisblauen Meer. Entlang der kurvenreichen Küstenstraße erhaschen wir immer wieder Blicke auf kleine malerische Buchten und die vorgelagerten griechischen Inseln. Unter uns die Brandung, neben uns eine überwältigende Bergkulisse mit schneebedeckten Gipfeln, über uns strahlender Sonnenschein. Ein Panorama, das uns begeistert und den Regen der vergangenen Tage schlagartig vergessen lässt. Die Straße schmiegt sich immer dichter ans Ufer und endet für uns gegen Mittag in einer Fischerdorfidylle. „Herrlich. Hier gibt es noch eine der letzten ursprünglichen Ecken und eines der schönsten Tauchreviere. Lass uns raus auf´s Meer fahren und eine blaue Reise machen." Da ich für die Routenplanung zuständig bin, was mich im Vorfeld einiges an Zeit und Nerven gekostet, mir dafür aber freie

Entscheidung über den Verlauf der Reise geboten hat, weiß Thorben nicht, dass ich diese Überraschung eingebaut habe. Statt eines wie sonst oft müden ernte ich endlich mal ein begeistertes Lächeln. Hand in Hand schlendern wir durch die steilen und buckligen Gassen von Kaş an alten Steinhäusern entlang, die aus jenen Zeiten stammen, als Griechen und Türken noch friedlich miteinander lebten. Heute sind dort kleine Läden, Cafés und Restaurants untergebracht, die sogleich Appetit auf eine Fischplatte machen. Hibiskusblüten und Geranien entlang der Mauer verströmen einen zarten Duft und setzen farbenfrohe Akzente, Feigenbäume spenden Schatten und unter dichten Gummibäumen rekeln sich Katzen, die auf unsere Gräten hoffen.

Ganz unten am Hafen liegen einige hölzerne Segelschiffe, Jachten und viele kleine Fischerboote, die sanft im kristallklaren Meer schaukeln. Der Motor beginnt zu dröhnen, das Wasser am Heck zu schäumen. Wir gleiten aus dem Hafen hinaus in das offene Meer und ziehen eine weiße Schaumlinie durch das tiefe Blau. Dreißig Minuten fahren wir hinaus und beobachten nach einem kurzen Briefing, wie sich die felsige Landschaft unter Wasser fortsetzt. Imposante Steilwände, üppig bewachsene Riffe und dazwischen ein beachtlicher Fischreichtum. Der bekannteste und zugleich anspruchsvollste Tauchplatz ist das Flugzeugwrack eines italienischen Bombers, der während des Zweiten Weltkrieges abstürzte. Das Flugzeug liegt am sanft abfallenden Meeresboden und taucht langsam aus dem Blau in 63 Metern Tiefe auf. Nur Taucher mit mindestens hundert im Logbuch eingetragenen

Tauchgängen dürfen hinab. Das Wasser ist so klar und der Sonneneinfall günstig. An die Reeling gelehnt, kann ich es schemenhaft im Blau erkennen und beobachte, wie Thorben in der Tiefe verschwindet. Ich liege auf dem Deck und vertreibe mir die Zeit mit Sonnenbaden. In einiger Entfernung sehe ich die Rückenflossen einer Schule Delfine mit ihren Jungen, über mir schweben einzelne Schönwetterwolken. Sanft wippen die Wellen das Boot auf und ab. Irgendwann muss ich wohl eingeschlafen sein – bis ein Jubelschrei mein Nickerchen unterbricht und Thorben wohlbehalten und vor allem begeistert ankündigt.

Mit Antalya erreichen wir eine Region ohne echte einheimische Struktur, die zu den am besten erschlossenen der Türkei zählt und das Tor zum Massentourismus ist. Eine

Hotelanlage reiht sich an die nächste und nimmt uns die Möglichkeit, direkt am Strand zu stehen. Nirgends finden wir einen Parkplatz. Der Bus ist entweder zu groß – oder passt nicht ins Bild und wir werden weitergeschickt. Nun stehen wir am Seitenstreifen der Schnellstraße hinter der Ampelanlage und schlafen das erste Mal seit Istanbul nicht mehr in Hotels, sondern wieder daheim. Sanft werden wir in den Schlaf geschüttelt, wenn neben Autos und Mopeds schwere LKWs mit hohem Tempo an uns vorbeirasen, schrecken aus dem Schlaf, wenn letztere an der Ampel laut schnaufend anfahren, und träumen vom Ertrinken, als sich ein Ausläufer des Tiefs an die Küste verirrt und sich in unserem Bett ausregnet. Überlandreisen sind nicht ausschließlich idyllisch und komfortabel. Das Paradies liegt nicht immer vor der Tür. Manchmal steht man einfach am scheinbar hässlichsten Platz der Welt. In Momenten wie diesen verfliegt der Reiz des Campens und man fragt sich, warum man sich das überhaupt antut.

Trotz der vielen Zwangspausen schaffen wir es noch rechtzeitig, unsere Freundin Helena und ihren Sohn Moritz anzutreffen, die in einem der unzähligen Fünf-Sterne-Paläste Urlaub machen und morgen wieder zurück nach Deutschland fliegen. Nach einer überschwänglichen Begrüßung und Führung durch die Hotelanlage berichten wir ihnen ausführlich von unseren bisherigen Reiseerlebnissen. Und weil wir schon mal da sind, buchen wir uns für ein paar Stunden in das All-inclusive-Paket ein, entschleunigen am Pool, schlemmen uns durch das reichhaltig gefüllte Buffet und trinken Efes, was das Zeug hält. Am späten Abend finden wir uns Arm in Arm mit den Urlaubern und Angestellten wieder, fassen uns alle an den Schultern, tanzen im Kreis und feiern unter einer roten Flagge mit Mondstern den Tag der Republik und Atatürk, den Helden und Vater der Türkei, dessen Antlitz in sämtlichen öffentlichen Einrichtungen, Geschäften und Restaurants hängt. Zur Geisterstunde stoßen wir noch schnell auf meinen 32. Geburtstag an. Unser Pauschalurlaub ist vorbei. Wir verlassen die Scheinwelt der schillernden Urlaubsanlage und gehen nach Hause. Auf den Parkplatz am Straßenrand.

„*Türkiye´ye Hoşgeldiniz.* Willkommen in der Türkei! Seid Ihr wirklich den ganzen Weg aus Deutschland bis hierher gefahren?", fragt Ahmed, als wir gerade ein paar Kopfschmerztabletten frühstücken. „Ich habe viele Jahre in Hamburg als Gastarbeiter gelebt, bekam Heimweh und wollte wieder in die Heimat meiner Eltern zurück." Er ist ganz außer sich vor Freude, seine Sprachkenntnisse aufzufrischen, und einer von vielen Türken, die in Deutschland gelebt oder dort Freunde oder Verwandtschaft haben. Spontan lädt er uns ein, neben seiner Hütte zu parken. Dass wir seine Gäste sein dürfen, macht uns genauso glücklich wie ihn, der so eine innige Beziehung zu unserem Heimatland hat. Esperanza steht nun auf einer Landzunge mit uneingeschränktem Meerblick. Der feinsandige, einsame Strand ist nur wenige Schritte entfernt und zur Krönung steht dort ein kleiner Pavillon mit weichen Matratzen, bunten Decken und Kissen. Die

Sonnenstrahlen werfen kleine funkelnde Sterne auf das Wasser, sanfte Wellen kräuseln die Oberfläche. Das beständige Hin und Her – es dauert nicht lange, bis meine Augen zufallen. Die Sonne auf meiner Haut, das Salz in der Atemluft, der Wind in meinen Haaren und das feine Raunen des Meeres in meinen Ohren: Ich genieße mit all meinen Sinnen. Ich bin noch etwas angeschlagen, so richtig faul, und könnte mir keinen schöneren Tag vorstellen, um Geburtstag zu haben. Ich bin des Fahrens und Entdeckens noch lange nicht müde – und doch ist es schön, einfach mal nichts zu tun, entspannt, achtsam und einfach da zu sein. Thorben hingegen fällt es richtig schwer, runterzukommen und abzuschalten. Er ist Opfer seiner eigenen Verhaltensmuster, sucht sich wie in unserem Alltag in Deutschland stets eine Beschäftigung, um nicht nachdenken oder zur Ruhe kommen zu müssen. Jeder Mensch sehnt sich insgeheim danach, kommt damit aber oft gar nicht mehr zurecht. In einer wirtschaftlich geprägten Gesellschaft wird das so wichtige, süße Nichtstun als unrentabel gewertet und gerne auch als Faulheit tituliert. So wie das Aushalten der Stille will heutzutage aber auch das Nichtstun oder sogar die Langeweile gelernt sein.

Neben Thorbens stetigem Tatendrang will die unbändige Neugierde befriedigt werden. Trotz der vollen Gasflasche läuft unser Kühlschrank nicht mehr und er sucht stundenlang die Ursache – bis eine Stichflamme aus dem Lüftungsgitter das Ganze endgültig beendet. Statt Ruhe zu geben, verschließt er die Löcher im Dach mit Dichtfix, tauscht den Benzinfilter, säubert den Vergaser und bringt den Scheibenwischer in Gang. Erst der Sonnenuntergang bremst seinen Eifer. Alle anderen Baustellen bleiben, wie sie sind, und endlich beginnt auch für Thorben der gemütliche Teil. Der Grill kommt zum Einsatz, die mittlerweile lauwarmen Köfte aus dem Kühlschrank wandern auf den Rost und liegen wenig später heiß und kross neben einer Joghurtsoße, Kohl, Pitabrot und Salat. Ahmed gesellt sich dazu, gefolgt von seiner Frau, die eine zweiteilige türkische Teekanne in den Sand stellt. Yeliz spricht kein Wort mit uns, schenkt uns aber stets ein gütiges Lächeln. Sie gießt uns unablässig aus dem oberen Gefäß starken roten Tee ein und verdünnt diesen mit heißem Wasser aus dem unteren Behälter. Wir fassen das typische Teeglas in Form einer Tulpe am obersten Rand, schlürfen den kochend heißen Cay in kleinen Schlucken und plaudern uns mit Menschen, die unsere Großeltern sein könnten, von Runde zu Runde. Über Deutschland und die Schönheiten der Türkei. „Was bringt euch eigentlich hierher?" „Wir sind auf dem Weg nach Indien." Ahmed verschluckt sich fast an seinem Tee und wird blass.

„Ihr wollt durch Südostanatolien fahren? Kurdistan ist viel zu gefährlich. Bleibt lieber hier bei uns." Ahmed war noch nie dort und sein gesamtes Wissen beruht nur auf Hörensagen. Bei mir schleichen sich leichte Sorgen und Zweifel ein, ich möchte mich davon aber nicht lenken lassen, zumal die Lage momentan sehr ruhig ist. Wir vertrauen den Menschen, vor denen wir gewarnt werden. Umkehren kommt nicht in Frage.

Esperanza ruckelt wie verrückt, kommt aber nicht vom Fleck. Ich denke sofort das Schlimmste – dann löst Thorben die Handbremse und wir trennen uns von Ahmed und Yeliz, die uns noch lange nachwinken. Alanya liegt hinter uns. Zu meiner Rechten erhebt sich Zypern, die Insel der Götter und ewiger Zankapfel zwischen Türkei und Griechenland, aus den blauen Weiten und es wird langsam Zeit, sich vom Meer zu verabschieden. Wir müssen einplanen, dass es bereits jetzt im Oktober in der Osttürkei zu starken Schneefällen kommen kann. Ich habe inzwischen gemerkt, intensives Reisen heißt, Zeit mitzubringen. Der erste Teil unserer Tour ist eng getaktet, weil wir zu spät losgekommen sind. Die Jahreszeiten und die Visa setzen uns unter einen Zeitdruck, den wir uns selbst auferlegt haben. Früher war ich es gewohnt, im Urlaub möglichst viel in relativ kurzer Zeit zu konsumieren. Dass mich die Eile jetzt so stört, hätte ich niemals gedacht. Die Erfahrung ist komplett neu für mich. Ich würde alles dafür geben, spontaner und langsamer unterwegs zu sein, um mehr genießen zu können.

Wir zweigen nach links ab, finden in der Großstadt Mersin einen Bosch-Service und decken uns neben Lebensmitteln in weiser Voraussicht mit neuen Zündverteilern und Verteilerkappen ein. Die Straße wird staubiger und ruppiger, verschwindet teilweise gänzlich und geht in eine Schotterpiste über. Die klassische Urlaubszone liegt nun hinter uns. Es gibt keine Touristen mehr, dafür nähern wir uns kilometerweise dem wahren Gesicht dieses Landes und Menschen, die noch sehr mit ihren Traditionen verbunden sind und vor denen uns die Einheimischen gewarnt haben. Es ist das, was uns reizt und antreibt. Jetzt spüren wir eindeutig, was es heißt, Europa verlassen zu haben und uns in Asien zu befinden: weg von der westlichen Zivilisation mit ihrer modernen Infrastruktur, hinein in die Ursprünglichkeit, fremde Kulturen und Lebensweisen kennenlernen.

Die Behausungen werden kontinuierlich einfacher und die Bevölkerung ärmlicher, geprägt vom täglichen Existenzkampf. Viele kennen nur ihre unmittelbare Umgebung und können weder lesen noch schreiben. Hin und wieder tauchen ein paar kleine Häuser auf, oft aus Lehmziegeln erbaut. Frauen sieht man selten, und wenn, dann sind alle weiblichen Generationen der Familie präsent, tragen Kopftuch, lange und weite, meist dunkle Röcke und Blusen und arbeiten schwer. Das Wasser wird mühselig aus Brunnen oder Flüssen geholt, Kuhfladen als Heizmaterial gestapelt. Die Kleinsten sind als Hirten beschäftigt und Ältere hocken am Straßenrand und verkaufen eigene Produkte wie Gemüse, Obst, Honig und Nüsse. Die jüngeren Männer gehen größtenteils dem Müßiggang nach, sitzen zusammen, trinken Tee, rauchen und spielen Backgammon. Die Dörfer kündigen sich schon aus der Ferne an. Müll liegt rechts und links des Asphalts und wird pünktlich zum Sonnenuntergang angezündet. Mit dem Kurs nach Osten wirft Esperanza zu dieser Tageszeit stets überlange Schatten auf die Straße, die nun regelmäßig im schwarzen, undurchdringlichen Rauch verschwinden. Unbehagen macht sich in mir breit. Als uns eine Horde schreiender Kinder mit dreckverschmierten

Gesichtern hinterherrennt und Steine wirft, bekomme ich Angst. Dieses Gefühl hatte ich doch erst im Iran oder in Pakistan erwartet. Auf was haben wir uns da nur eingelassen?

Doch die guten Momente beim Reisen überwiegen und zählen für uns doppelt. Ab Mitte Türkei bist du nie mehr allein. Das sagen alle Reisenden – und es stimmt tatsächlich. Die Menschen sind Touristen nicht gewohnt, unterbrechen ihre Gespräche und winken uns freundlich zu. Verlassen wir den Bus, steht immer jemand vor der Tür, möchte uns die Hand schütteln und mehr erfahren. Die Verständigung verläuft oft in mehr oder minder gutem Englisch – je nachdem, ob es unser Gegenüber beherrscht –, mit Händen und Füßen oder mit Zahlen und Zeichen, die auf Esperanzas verstaubten Lack oder in den Sand gemalt werden. Weit weg von westlich anmutenden Metropolen sind es ausschließlich Männer, die Kontakt zu uns aufnehmen. Den Umstand, nie mehr unbeobachtet zu sein, muss man schon mögen und er kann sich als Belastungsprobe herausstellen. Die Stopps an den Tankstellen werden immer mehr zu netten Begegnungen, auf die eine Einladung zum Tee folgt und die in meist größeren gemütlichen Gesprächsrunden den eigentlichen Grund des Besuchs vergessen lassen.

Die Grenzregion im Gebiet der Kurden ist eine schwierig zu bereisende Gegend. In den 1990er Jahren gab es hier heftige Kämpfe zwischen den Kurden und der türkischen Armee. Das türkische Militär ist noch unübersehbar präsent und immer wieder passieren wir Checkpoints. Jeden Tag kann sich die Sicherheitssituation ändern und bestimmte Routen können gesperrt sein. Syrien ist nicht weit entfernt und gehört zu den schönsten und begehrtesten Reisezielen des Mittleren Ostens. Kaum vorstellbar, dass wenige Wochen nach unserer Durchfahrt auf Proteste, *die Tage des Zorns,* ein brutaler, jahrelang anhaltender Bürgerkrieg folgen und die nur vierzig Kilometer entfernte Grenzstadt Kobane Schauplatz heftiger Kämpfe werden wird.

Das ostanatolische Hochland ist geprägt von grauen und braunen Gebirgszügen und Vulkanbergen. Die Hänge erstrahlen goldgelb und es weiden Schafe, Ziegen und Pferde. Esperanza quält sich eine steile Bergkuppe hinauf. Die Fahrbahn ist unbefestigt, die Kurvenführung lebensgefährlich. Eine Leitplanke gibt es nicht. „Wahnsinn, fast zweitausend Kilometer hat der alte Zündverteiler schon durchgehalten." Kaum habe ich es ausgesprochen, verabschiedet er sich. „Ist aber nicht schlimm, wir haben ja Vorrat dabei", scherzt Thorben zurück, wechselt ihn aus – und keinen Kilometer später ist auch dieser kaputt. Nummer Drei, der Letzte, hält durch und bringt uns sicher bis nach Kahta. „Ein Cay wäre jetzt nicht schlecht, lass uns mal zu einer Werkstatt fahren, ein wenig mit den Einheimischen quatschen und nebenbei noch den Bus auf Vordermann bringen." Das Nationalgetränk ist ein wichtiger Bestandteil des alltäglichen Lebens und eines jeden Geschäfts – egal, ob man einen Teppich kauft oder eine Dienstleistung in Anspruch nimmt.

Ganz klassisch reihen sich zehn durcheinandergewürfelte Plastikstühle um die geöffnete Motorhaube. Während einer die Achsen fettet, die Verteilerfinger und die Kontakte in der Verteilerkappe neu einschleift, da wir keinen Ersatz mehr haben, den Vergaser abdichtet und das Kondensator-Kabel erneuert, sitzen Thorben, ich und sieben der acht Mechaniker auf den Stühlen, sehen dem einen beim Arbeiten zu und trinken süßen Schwarztee, bis mein Herz vor lauter Koffein zu rasen beginnt.

Kahta besteht aus einer sich einfallslos hinziehenden Straße mit Geschäften, Wohnhäusern und Restaurants zu beiden Seiten. Eine kleine Stadt mit einfacher Struktur, an sich keinen Besuch wert, hätte sie nicht diese eine Besonderheit, neben dem sturmumtosten Berg Nemrut zu liegen. Ein 2150 Meter hoher Grabhügel, den König Antiochos I. für sich errichten ließ, nachdem er sich selbst zum Gott ernannt hatte. Die Einheimischen behaupten, die steile Strecke sei mit einem PKW theoretisch zu schaffen – nach der gestrigen Geländefahrt schonen wir die verbleibenden Ersatzteile vorsichtshalber und steigen frühmorgens vor Sonnenaufgang in ein *Dolmuş*. Als das türkische Sammeltaxi schließlich bis auf den letzten Platz gefüllt ist, setzt es sich endlich in Bewegung und rollt in ein schluchtartiges Tal. Die Straße ist mit teils knietiefen Schlaglöchern so uneben, dass wir oft nur im Schritt-Tempo vorwärtskommen. Der Bus passiert eine alte Römerbrücke, gewinnt langsam Höhenmeter um Höhenmeter, die uns eine atemberaubende Aussicht offenbaren. Eine Umgebung, die förmlich nach Altertum riecht und mit nichts an die Moderne erinnert. Selbst unser Gefährt hat seine besten Zeiten schon hinter sich und bezwingt die letzte Etappe, eine schmale, extrem steile Anfahrt zum Fuße des heiligen Berges, nur mit Ach und Krach.

Der Weg zum künstlichen Gipfel, der durch eine Geröllaufschüttung entstand und den Berg um 45 Meter erhöht, ist ein beschwerlicher Gang über ein fast endloses Feld aus klein zerhackten Steinen. Ich bin geneigt, mich über die Anstrengung bei der dünnen Luft zu beschweren, aber in Anbetracht der Tatsache, dass Tausende von Arbeitern diese Steine mühsam aus den Felsen gehauen und aufgeschichtet haben, schweige ich und kämpfe mich weiter bis zum oberen Plateau hinauf. Auf dessen Ostseite sitzen seit zwei Jahrtausenden die knapp zehn Meter hohen Körper der Götter Apollo, Kommagene, Zeus, Herakles und natürlich Antiochus – deren Köpfe, durch ein Erdbeben heruntergefallen, nun davor liegen und täglich Zeugen der schönsten Sonnenaufgänge sind. Ich verkrieche mich zum Schutz gegen den Wind hinter einem riesigen Löwenkopf, vergesse Sturm und Kälte, fast auch zu atmen, als die Sonnenstrahlen langsam an den Statuen emporwandern. Das rotbraune Leuchten wird immer intensiver und haucht den Göttern für wenige Minuten Leben ein. Der Wind schläft ein, die Temperatur steigt rasant, die Farben verblassen zu einem Ockerton und die Statuen werden wieder zu leblosen Monumenten einer längst vergangenen Zeit. Mit den kürzer werdenden Schatten wird der

Ausblick über die endlose Weite des gebirgigen kahlen Hochlandes klarer, reicht sogar weit bis zu grünen Tälern und dem Atatürk-Stausee. Hier irgendwo muss sich der im Alten Testament beschriebene Garten Eden befinden. Das irdische Paradies, in dem alle Menschen seit Anbeginn der Zeit würden leben können, hätte Eva die Schlange ignoriert und dem Apfel widerstanden.

Ein Ausläufer des Stausees stellt sich uns in den Weg und wir überqueren ihn, wieder mit Esperanza unterwegs, auf einer kleinen, in die Jahre gekommenen Fähre. Die Straßen führen nun kerzengerade durch eine staubige, weite Landschaft auf ein kahles Hochplateau mit einer durchschnittlichen Höhe zwischen 1500 und 2200 Metern hinauf, das nahezu menschenleer ist. Die Kontrollen von Polizei und Armee nehmen merklich zu, meist erkennbar durch Kampffahrzeuge am Wegesrand. Hinter Sandsä-

cken verschanzt, wachen Soldaten mit Maschinenpistolen und Schnellfeuergewehren und halten uns jedes Mal an, aber kontrollieren nie. Aus reiner Neugierde möchten die freundlichen Beamten wissen, wo wir herkommen. *„Oh, Almanya."* Deutschland steht hier hoch im Kurs. Über den Nachbarn allerdings verlieren sie kein gutes Wort, auch wenn sie noch nie einen Fuß ins Nachbarland gesetzt haben und nicht wissen, wovon sie sprechen. „Ihr wollt weiter in den Iran? Seid vorsichtig, dort ist es gefährlich!", sagen die bösen Kurden über die noch schlimmeren Iraner. In der Hinsicht sind wir Menschen wohl alle gleich. In Deutschland wird auch gerne über den Nachbarn, sei es am Gartenzaun oder an der Landesgrenze, geschimpft.

Der äußerste Osten des Landes ist bekannt für extreme Temperaturunterschiede zwischen Tag und Nacht. Die Werte sinken schnell auf unter zehn Grad und das im

Spätherbst schon kurz nach 16 Uhr. Sonnenaufgang und Sonnenuntergang trennen zu dieser Zeit nur noch ein paar kurze Stunden. Es ist bereits pechschwarze Nacht, als wir das Ufer des größten Sees der Türkei erreichen, und es bläst uns ein eisiger Wind entgegen. In der Ferne fallen Schüsse und Augenblicke später hören wir aus Richtung der letzten Kaserne die Panzermotoren dröhnen. Wir fangen an zu spekulieren und zerreden das Naheliegende. „Ein Feuerwerk ist es nicht. Das müsste zu sehen sein. Bestimmt wird eine Hochzeit gefeiert." Sonst hätten wir später, eingekuschelt in dicke Schlafsäcke, nicht so entspannt einschlafen können.

Damit wir das Tageslicht für die letzte Etappe des Landes ausnutzen können, reißt uns der Wecker im kalten Morgengrauen aus dem Schlaf und wir sehen zum ersten Mal, in welch wunderschöner Landschaft wir stehen. Die Ausdehnung des Vansees entspricht der siebenfachen Fläche des Bodensees, erscheint uferlos und wird malerisch eingebettet von bis zu 4000 Meter hohen, majestätischen Bergen mit schneebedeckten Gipfeln.

Auf einer landschaftlich reizvollen Fahrstrecke, zu unserer Rechten Berge, die die Türkei vom Iran trennen, vorbei an Bächen, kleinen Bergdörfern und erkalteten Lavaströmen,

erreichen wir gegen Mittag auf 2644 Metern den bisher höchsten Pass der Reise, auf dem uns ein eisiger Wind um die Nase weht. Dreißig Kilometer bergab liegt Dogubeyazit – der letzte Anlaufpunkt in der Türkei und *der* Treffpunkt schlechthin für Überlandreisende: eine unscheinbare Wiese neben einem Restaurant. Hier trifft man die letzten Vorbereitungen für den Grenzübergang zum Iran und bekommt die besten Informationen für die weitere Route von Reisenden, die aus der Gegenrichtung kommen – was uns natürlich brennend interessiert.

Wie aus dem Nichts erscheinen Straßenhunde und kommen mit gebleckten Zähnen angerannt. Das Rudel verteidigt aggressiv sein Revier. Sie versuchen, in die Reifen zu beißen, und Thorben hat Mühe, keinen von ihnen zu überfahren. Noch lange verfolgen sie uns, bellen wie verrückt. Esperanza quält sich den holprigen und vor allem steilen Weg hinauf und kommt erst hoch über der Stadt zum Stehen. Murat, der Besitzer des Campingplatzes, läuft uns schon entgegen, schenkt uns ein breites Lächeln unter seinem breiten Schnurrbart und fragt amüsiert: *„To Iran? Or from Iran?"* Normalerweise tummeln sich hier Unmengen von Fahrzeugen. Aber um diese Jahreszeit sind wir viel zu spät unterwegs und stehen daher völlig alleine auf dem Platz.

Drei Tage verbringen wir, an einen Bergrücken geschmiegt, bei strahlendem Sonnenschein und bester Aussicht. Oberhalb der schroffen Felsen ragt auf einem Vorsprung der Ishak Pasa Palast hervor, thront über der Stadt und erzählt stumm und fast unwirklich die

Geschichte der Ebene und der Vereinigung von armenischen, georgischen, persischen, seldschukischen und osmanischen Fantasien. Eine Legende des Orients. Seine dicken, reich verzierten Mauern erheben sich aus frischem Schnee, über die Kuppel strebt ein einzelnes Minarett weit in den eisblauen winterlichen Himmel hinauf, sticht in die weichen Wolken. Direkt vor uns herrscht der Ararat, eines der mächtigsten Vulkanmassive der Welt, über das Tiefland. Mit seinen 5137 Metern ist er der höchste Berg der Türkei, Nationalsymbol Armeniens – und neben den unterschiedlichsten Bezeichnungen für ihn wie Feuriger Berg, Schmerzensberg oder Mutter der Erde ranken sich ebenso viele Legenden um ihn. Nach der göttlichen Sintflut soll auf der zumeist weiß schimmernden Eiskappe die Arche Noah gestrandet sein.

Den zweiten Tag nutzen wir für die letzten Vorbereitungen. Die Grenzstadt ist nicht gerade attraktiv. Sie verdankt ihr Dasein vor allem der strategisch günstigen Lage. In der Vergangenheit als Ebene zur Rast genutzt, gilt sie heutzutage als Hochburg des Schmuggels von Schnaps, Zigaretten und Menschen. In den Straßen herrscht eine düstere, ungemütliche Stimmung.

Wir suchen einen Geldautomaten, der Euros auszahlt. Ab morgen werden unsere EC- und Kreditkarten nutzlos sein. Iranische Geldinstitute sind seit wenigen Monaten als Folge europäischer und US-amerikanischer Sanktionen vom internationalen Geldhandel ausgeschlossen. Im Umkehrschluss bedeutet das für uns, die nächsten Wochen rein aus Bargeldreserven zu finanzieren. Doch nirgends werden wir fündig und wählen einen teuren Umweg. Da die Iraner bei einem Geldumtausch ungern die schwankende Währung des Nachbarlandes annehmen, heben wir türkische Lira ab und tauschen diese mit einem Wertverlust von etwa fünfzehn Prozent bei einer Wechselstube in Euro.

Bei *Iskender Kebab,* gegrillten Fleischstücken und Weißbrot in einer Joghurt-Tomaten-Soße, sitzen wir mit Murat in den kahlen Räumen ohne Heizung. Und dennoch fließt eine angenehme Wärme durch unsere Körper. Die Türkei hat uns überrascht und lässt uns in Erinnerungen schwelgen, doch die letzten Stunden sind gezählt. Morgen überqueren wir die erste richtige Grenze. In diesem Glauben trinken wir die letzten fränkischen Bierreserven aus und denken an die bevorstehende Abstinenz: Urlaub für die Leber – oder laut Gesetz 80 Peitschenhiebe, Geldbuße und Gefängnis.

Alle sind bereit. Nur Esperanza nicht. Tag Drei steht für eine unverhoffte Zwangspause und viele Reparaturen. Stundenlang versucht Thorben, den Motor zum Laufen zu bringen. Schließlich kommt ein Mechaniker, repariert den Vergaser und stellt die Lichtmaschine ein. Zwar ist es schon wieder viel zu früh dunkel und zu spät für die Grenze, aber die alte Dame läuft wieder.

Ein schneller Reifenwechsel, ein letzter teurer Stopp an der Tankstelle, dann reihen wir uns ein in den Karawanen-Verkehr auf der alten Handelsroute, einem Teil der Seidenstraße. In 35 Kilometern lassen wir die *westliche Welt* hinter uns und tauchen in die weltweit Schrecken verbreitende Islamische Republik Iran ein. Noch nie waren der Respekt vor einem Land und die Aufregung vor der Grenze bei mir so groß wie heute. Mein Magen ist flau und am Frühstückstisch bekomme ich keinen Bissen hinunter. Alles andere als positive Stichworte wie Atomstreit, Sittenwächter, Steinigung, Missachtung der Menschenrechte und Zwang zu religiöser und ideologischer Konformität schwirren in meinem Kopf herum. Ich bin ein Opfer der Vorurteile geworden. Gleichzeitig denke ich an eine Reise durch Persien mit seinen großartigen Landschaften und prachtvollen Palästen und freue mich auf die große neue Unbekannte.

Iran

Zehn Kilometer vor dem Grenzübergang Gürbulak endet die Fahrt – ein endloser Stau aus tonnenschweren Lastwagen und brechend vollen, abenteuerlich überladenen Reisebussen blockiert die Fahrbahn. Wir kommen keinen Meter mehr voran. Da ist sie also schon: die befürchtete langwierige und chaotische Grenzprozedur.

Schon jetzt zeigt das Thermometer 25 Grad an – obwohl die Sonne noch lange nicht im Zenit steht –, und es ist ungewohnt, bei diesen Temperaturen keine luftige Kleidung mehr zu tragen. Die islamische Kleiderordnung schreibt für Frauen ein Kopftuch vor. Auch Touristinnen, unabhängig von Religion oder Nationalität, sind davon betroffen und müssen zudem weite, hochgeschlossene Oberteile mit langen Ärmeln und lange Hosen tragen, um jegliche Konturen zu kaschieren. Laut Gesetz dürfen Männer mehr Haut zeigen und das erlaubt T-Shirts mit kurzem Arm, aber unbedingt lange Hosen. Wie heiß mag es nur im Sommer sein, gänzlich verhüllt von einer schwarzen Burka, die nur durch einen schmalen Schlitz die Augen einer Frau der Öffentlichkeit preisgibt?

Es ist genauso wie bei unserer Abfahrt. Wir reden kaum miteinander und rauchen stattdessen nervös eine Zigarette nach der anderen. In den Zeiten dazwischen würde ich mir liebend gerne mit den Fingern durch die langen Haare fahren. Die wissen nämlich nicht, wo sie jetzt hinsollen, seitdem ich ein Kopftuch trage. Stattdessen drehe ich an unserem ebenfalls neu erworbenen Ehering. In der Öffentlichkeit dürfen sich unverheiratete Frauen und Männer nicht zusammen zeigen und schon eine gemeinsame

Autofahrt kann zum zwangsweisen Besuch der Polizeistation führen. Schlimmer noch, Thorben und ich wollen natürlich auch weiterhin die Nächte gemeinsam verbringen. Sei es im Bus oder in einem Hotel.

Verheiratet sind wir tatsächlich. Damals auf einem Roadtrip durch den wilden Westen der USA hielt ich es für standesgemäß, in Las Vegas nicht nur Tage und Nächte im Casino zu sitzen, sondern auch zu heiraten. Im Drive-Inn versteht sich, denn es sollte so richtig amerikanisch sein. Die Hochzeit war günstig, ebenso die Ringe. Für fünf Dollar pro Stück kann man nicht viel erwarten, außer dass die Haltbarkeit begrenzt ist. Unsere Ehe hat entgegen den meisten Trauungen in der Wüstenstadt immer noch Bestand, aber wir haben sie nie in Deutschland anerkennen lassen. Wir sind mit Zweitpässen ohne den Stempel der USA unterwegs, unsere Nachnamen in den Dokumenten sind unterschiedlich. Die amerikanische Heiratsurkunde als Nachweis haben wir bewusst nicht mitgenommen, um ganz sicherzugehen, dass wir an der Grenze nicht abgewiesen werden.

An Thorbens Fenster erscheint ein adrett gekleideter Mann mit gut sitzendem Hemd und bittet uns, als PKW links am Stau vorbei bis zum Grenzgebäude vorzufahren. Dort erwartet uns bereits freudestrahlend sein Kollege, der uns in perfektem Englisch seine Dienste anbietet. Für umgerechnet zwanzig Euro Schmiergeld bekommt der selbsternannte Agent unsere Dokumente, schleust uns an den vielen anstehenden Menschen vorbei bis zum Schalter und keine fünf Minuten später knallt der Ausreisestempel in unsere Pässe.

„Schatz, weißt du noch, damals am Strand in Bulgarien?", erinnere ich Thorben. „Haben wir nicht beschlossen, es eigenmächtig zu schaffen? Und dann gehen wir gleich den erstbesten, zwielichtigen Grenzhelfern auf den Leim." Kaum im Niemandsland, das schwere Gittertor liegt hinter uns, muss ich auf dem Weg zum Parkplatz nicht einmal aussteigen. Direkt durch das Beifahrerfenster werden unsere 400 Euro Bargeld – zu jeweils acht Fünfzig-Euro-Scheinen – gewechselt und nun liegt ein riesiger Stapel iranischer Rial auf meinem Schoß. Völlig damit überfordert, das Geld an Ort und Stelle zu zählen, stecke ich es hastig in meine Tasche. Die Organisation arbeitet scheinbar länderübergreifend Hand in Hand, denn schon winkt uns der Nächste freundlich zu und ergreift die günstige Gelegenheit und unsere Verwundbarkeit, um seinen Lebensunterhalt zu verdienen.

Es geht alles viel zu schnell. Wie in Trance, vollkommen verwirrt und erschlagen von Informationen und Reizen, begeben wir uns schon wieder in eine Obhut, werden in ein Gebäude auf der iranischen Seite geführt und sitzen nur Augenblicke später auf einem bequemen Sofa im klimatisierten Büro der Touristeninformation. Der nette Herr erklärt uns die Prozedur der Fahrzeuganmeldung und alle folgenden Schritte: vom Stempel, den Dokumenten der Tankkarte und dem iranischen Kennzeichen. Bis ins kleinste Detail. Obwohl, ganz

richtig ist das nicht. Mit *uns* meine ich Thorben. Ich möchte auch einreisen. Ich bin der Fahrzeughalter, aber eben auch nur eine verschleierte Frau. Aus Rücksichtnahme gegenüber dem Ehemann spricht man mit Frauen in der Öffentlichkeit nicht. Dieses Verhalten ist nicht unhöflich, und doch für mein Verständnis von Gleichberechtigung der Geschlechter sehr verstörend, wenn man wie selbstverständlich übergangen wird und es anders gewohnt ist. Aber ich hätte nicht in dieses Land reisen sollen, wenn ich mich darüber aufregen wollen würde. Ich bin Gast und passe mich an. Ob es mir gefällt oder nicht. Da ich eh nicht gebraucht werde, suche ich die Toilette auf und verstaue nebenbei das unachtsam eingesteckte Geld in den Tiefen meiner Tasche.

Zum ersten Mal kommt das *Carnet de Passage,* ein Zollpapier für die zollfreie und ordnungsgemäße Ein- und Ausfuhr des eigenen Fahrzeugs, zum Einsatz. Mit der hinterlegten 5000-Euro-Kaution bürgt man dafür, dass das Fahrzeug das Land wieder ordnungsgemäß verlässt und nicht verschrottet oder verkauft wird. Eine Überlandreise ist ein Abenteuer und zugleich ein Papierkrieg. Neben den Fahrzeugpapieren und Versicherungspolicen müssen wir auf Führerscheine, Pässe, Geldkarten, Autoschlüssel, Kamera und Computer Acht geben – und ab sofort auf das ebenso wichtige Carnet. Fehlt ein Ein- oder Ausreisestempel oder geht das Dokument gar durch unsere Schusseligkeit verloren, werden Zollgebühren fällig und die Kaution ist futsch.

Fahrgestell- und Motornummer sind kontrolliert, vom iranischen Kennzeichen ist keine Rede mehr, und nach nur zwei Stunden öffnet sich der Schlagbaum und der Beamte verabschiedet sich mit einem herzlichen *„As-salâmu `alaikum"*.

„War doch gar nicht so schlimm, oder? Und das Schmiergeld hat sich in Grenzen gehalten", sagt Thorben, bis nach etwa zwei Kilometern ein mürrisch dreinblickender Beamter mit dicker goldener Uhr am Handgelenk die Durchfahrt versperrt und uns, wie war es anders zu erwarten, der nächste strahlende Helfer empfängt: *„There are still problems, but I can help you. Just me!"* Pause, ein breites Lächeln, dann erklärt er uns, dass eine iranische Krankenversicherung und eine Haftpflichtversicherung Pflicht seien und außerdem ein Stempel für die durchgeführte Fahrzeugkontrolle fehle. Während er mit unseren Papieren verschwindet, nutzt der zuständige Staatsdiener die Gelegenheit und schaut sich neugierig in unserem Bus um. Wir zahlen umgerechnet hundert Euro Gebühren und zwanzig Euro Lohn, die letzte Schranke klappt nach oben und wir sind endlich im Land der Mullahs.

Die ersten Stunden in einem neuen Land sind immer die spannendsten. Man ist hellwach und alle Sinne sind auf Empfang: Eine neue Sprache klingt in den Ohren, die Augen entdecken Unterschiede in der Kleidung und sehen neben der Landschaft ganz neue Bilder. In diesem Fall zieren zwei bärtige alte Männer mit schwarzen Turbanen ein riesiges Plakat. Missbilligend und bedrohlich starren uns Ayatollah Ruhollah Khomeini und Ali Khamenei, Gründer und oberste Führer der Islamischen Republik Iran, direkt in die Augen. Egal aus welcher Perspektive. Sie beobachten uns auf Schritt und Tritt und werden uns ab sofort von gerahmten Bildern in Geschäften, Moscheen, Hotels und auf Graffitis ganzer Häuserfronten immer wieder einschüchtern, überwachen und ermahnen, jedes Gesetz zu beachten und demütig mit gesenktem Haupt zu leben.

Ein Erlebnis der besonderen Art im Iran ist das Tanken. In diesem Erdöl fördernden Staat sind Tankstellen rar gesät, mit wenigen Zapfsäulen ausgestattet und folglich stark frequentiert. Wir warten in einer langen Kolonne hinter LKWs und Autos. Beim Warten laufen die Motoren weiter, die Luft ist von Abgasen verpestet. Tankstellen sind ein Treffpunkt für Männer, auch für diejenigen ohne Auto, und es geht zu wie auf einem Volksfest. Bald sind wir in einer Traube von Iranern mit freundlichem, geradezu höflichem Interesse verschwunden. Einer von ihnen spricht englisch und übersetzt für die übrigen jedes Wort auf Farsi. Alle Männer rauchen, selbst als wir einen Platz an der Zapfsäule erkämpft haben, und das, obwohl der gesamte Boden von Diesel und Benzin geradezu überflutet ist. Thorben wundert sich noch, warum alle eine Plastiktüte über den Arm gezogen haben, steckt den gigantischen Einfüllstutzen in die Öffnung und tankt – bis der Treibstoff die maximale Einfüllmenge erreicht hat und das Benzin in einer riesigen Fontäne herausspritzt. Er ist von Kopf bis Fuß besudelt, denn es gibt keinen Einrastmechanismus.

Während Thorben sich wäscht und bezahlt, steige ich nach hinten in den Wohnraum und befasse mich mit der neuen Währung. Neugierig betrachte ich die Scheine mit den Strichen, auf dem Kopf stehenden Herzchen und unzähligen Punkten und lerne innerhalb kürzester Zeit die Zahlentabelle meines Reiseführers auswendig. Die größte iranische Banknote ist mit 100.000 Rial gerade einmal 7 Euro wert, den Löwenanteil machen die 50.000er Scheine aus. Da der Rial ständig an Wert verliert, wird in *Toman,* der Verwirrung halber eine Null weniger als abgebildet, gehandelt. Und trotzdem freue ich mich, in so kurzer Zeit Millionärin geworden zu sein. Der Spaß währt nur kurz. Nachgezählt fehlen 3.000.000 Rial. Umgerechnet 200 Euro, die Hälfte unseres Bargelds. Es gibt drei Möglichkeiten: Der Geldwechsler hat uns betrogen, ich habe es auf der Toilette verloren oder zu gut in meiner Tasche versteckt. Ich suche sogar im Schaumstoff der Polsterkissen, in denen sonst unser Bargeld versteckt ist. Da Grenzorte prädestiniert für derlei Geschäfte und dubiose Machenschaften sind, gebe ich recht schnell auf und verbuche den Verlust unter Dummheit. Der Betrag tut uns nicht weh, aber den gesamten Iran mit 200 Euro zu durchfahren ist eine besondere Herausforderung und erhöht die Spannung. Wir haben zwar für den Notfall Dollar in einer leeren Dose Hühnersuppe versteckt, aber an die sollten wir wirklich nur ran, wenn es gar nicht anders geht. Für den täglichen Bedarf sind sie nicht gedacht.

Was ich an Thorben sehr schätze, ist, dass er mir das nicht übel nehmen wird. Seine allzeit ruhige und besonnene Art verhindert selbst in solchen Situationen einen Ausbruch – was mir sehr entgegenkommt, obwohl ich es doch verdient hätte.

Wenigstens ist es günstig, durch den Iran zu reisen. Neben den Lebensmitteln, die nur einen Bruchteil dessen kosten, was wir in Europa und besonders in Deutschland gewohnt sind, ist der Sprit günstiger als Wasser. „Schatz, wir sind im Paradies. Stell dir vor: siebzehn Cent pro Liter. Wir haben für siebzehn Euro vollgetankt und hätten gar nicht so viel Geld tauschen müssen", sagt Thorben und nimmt mich tröstend in den Arm.

Langsam spazieren wir die Hauptstraße von Marand hinunter. Die Straßenschilder, Namen von Geschäften und Werbetafeln – alles ist auf Farsi geschrieben. Schön geschwungene Wellenlinien, aber für uns unlesbar. Mopedfahrer hupen sich den Weg frei, Frauen mit wehenden Chadors springen verschreckt zur Seite, emsige

Händler schieben ihre Handkarren durch die schmalen Gassen. Unsere Nasen empfangen neue Gerüche und mit einem Mal melden sich unsere Mägen auf fordernde Art und Weise. Angelockt werden wir von Fladenbroten so groß wie Fußabstreifer, die an Leisten an der Hauswand zum Auskühlen genagelt sind. In dem dunklen, unscheinbaren Verschlag lodert ein Feuer im landestypischen *Tonir,* ein in die Erde gebauter Backofen. Ausschließlich Männer schleudern den klebrigen Teig gekonnt in die Luft, bis er die richtige Größe erreicht hat, und tapezieren mit flinken Fingern damit die warmen Wände des Ofens. Nach kaum

zwei Minuten sind die knackigen, hauchdünnen Fladen fertig, keiner gleicht dem anderen, und werden mit Schwarzkümmel und Sesam bestreut. Wir reihen uns in die lange Schlange und als wir an der Reihe sind, zeigt der Bäcker auf uns, fragt wie viele *Nan-e lavash* wir haben möchten, und bereitet sie frisch vor. Jede Bäckerei ist nur auf eine Sorte Brot spezialisiert und direkt nebenan wird eine dickere, dafür länglichere Sorte hergestellt. Das *Nan-e barbari* backt auf einem Steinhaufen. Verschleierte Frauen klopfen anschließend die Kiesel ab und falten es, stets mit einer Hand damit beschäftigt, den Hidschâb unter dem Kinn festzuhalten. Dann tragen sie es nach Hause.

Wie bei einer typischen Iranerin klemmt das Brot nun auch unter meinem Arm. Um die Seele noch mehr zu streicheln und das Land kulinarisch kennenzulernen, suchen wir ein Restaurant und landen in einem unscheinbaren Wohnhaus, dessen großer, weiß gefliester Innenraum eher an ein Schlachthaus erinnert. Wild zusammengewürfelte Plastikstühle reihen sich an einen langen Tisch und wir setzen uns zwischen den hungrigen, ausschließlich männlichen Gästen auf die letzten beiden freien Plätze. Eine Speisekarte gibt es nicht. Die Bedienung ist wie die meisten Einheimischen in den ländlichen Gegenden nur mit der Landessprache vertraut. Wir verständigen uns ausnahmslos über Zeichensprache, haben keine Ahnung, was wir bestellen, und bekommen prompt eine echte iranische Delikatesse, an die sich unsere europäischen Augen erst einmal gewöhnen müssen: *Kale Pache.* Ein hübsch drapierter Schafskopf samt Zunge und Augen, Gehirn und Beinen mit Hufen schwimmt in einer Brühe, obenauf mit Zimt und Zitrone garniert. Eine Portion *Lavash* ersetzt das Besteck. Ein abgerissenes Stück, zu einer Hohlform geknickt, dient als Löffel. Für das verspätete Frühstück tunken wir lediglich die Soße auf und benutzen wie die Einheimischen das Brot als Serviettenersatz, den wir anschließend aufessen.

Campingplätze wie in Europa gibt es im Iran nicht. Wilde Übernachtungen sind erlaubt, aber man muss damit rechnen, dass ein Camper-Van großes Interesse erregt und spätnachts Menschen mit Taschenlampen herumschleichen, anklopfen und wissen möchten, wer sich darin verbirgt. Eine durchaus verständliche Reaktion, denn unser Erscheinen ist in etwa vergleichbar mit der Landung von Außerirdischen. Uns fehlt noch das Gespür für dieses Land. Wir verlassen uns stets auf unser Bauchgefühl und das sagt uns, die erste Nacht auf Nummer sicher zu gehen – und da kommt uns der Tabriz International Airport wie gerufen. Nicht gerade der eindrucksvollste Ort zum Campen, dafür asphaltiert, beleuchtet, kostenlos und sicher – dazu ein WC, Einkaufsmöglichkeiten und Internet. Die Lautstärke des Flugverkehrs nehmen wir dafür gerne in Kauf.

Auf dem kleinen Bistrotisch steht mein Laptop und ein Ober in Hemd und Weste serviert zwei Tassen Kaffee, stellt eine kleine Deutschlandfahne dazwischen und verschwindet lächelnd mit den Worten „*Welcome to Iran*". Bis zu diesem Zeitpunkt wussten wir von der Zensur der Medien, konnten uns aber nicht vorstellen, was genau das zu bedeuten hat. Ich wähle mich in das Internet ein und es dauert ewig, bis die Verbindung steht. Internetseiten wie Spiegel Online werden nicht angezeigt und immer wieder erscheint eine Fehlermeldung im Browser. Ich versuche, mich bei Facebook einzuloggen, doch auch der Versuch scheitert. So schnell war ich noch nie mit dem Surfen fertig.

Wir probieren unser Glück im Zentrum der 1,5 Millionenstadt Tabriz. Master-, Visa- und Maestrocard – alle Geldautomaten werfen sie mit einem lauten Piepsen sofort wieder aus, und auch bei Melli, Saderat und Middle East, den iranischen Banken, sieht es nicht anders aus. Überall werden wir weitergeschickt und bekommen kein Bargeld. Möglich wäre es nur über Umwege, für die wir keine Zeit haben: von Deutschland aus Geld an eine türkische Bank in Istanbul oder Ankara und von dort zu einer iranischen Bank überweisen, oder einen Iraner mit Bankverbindung finden, auf dessen Konto Geld anweisen und es sich in bar auszahlen lassen. Umdrehen können wir jedenfalls nicht – das Einreiserecht würde verfallen.

„Komm, einmal probieren wir es noch", sage ich zu Thorben und schleife ihn in die Sepah Bank. Der Chef persönlich nimmt sich dem Problem an, telefoniert und hält Thorben den Hörer ins Gesicht. „Hallo?" Ich höre meinen Mann „Dreihundert" sagen, dann diktiert er seine E-Mail-Adresse. „Ja, machen wir", schiebt er hinterher, „und vielen, vielen Dank" – und ich verstehe nur Bahnhof. Mit jeder Sekunde steigt meine Anspannung und ich verlagere mein Gewicht von einem Bein auf das andere, weil ich nicht mehr stillstehen kann. Der Banker übernimmt das Gespräch, verabschiedet sich, verschwindet kurz und drückt Thorben kurz darauf 4.500.000 Rial in die Hand.

„Schatz, stell dir vor: Herr Esmati hat gefragt, wie viel wir brauchen. Heute Nachmittag schickt er uns seine Bankverbindung an meine E-Mail-Adresse und bei Gelegenheit sollen wir es zurücküberweisen." Ich antworte erst mal nichts, brauche Zeit, um das zu begreifen, und sage später: „Das ist ja der Wahnsinn!!! Das glaubt uns zuhause keiner." Mehrmals, auch noch Tage später. Ich war immer der Meinung, vom Glück nicht so begünstigt zu sein wie manch andere. Diese Reise überzeugt mich vom Gegenteil. Irgendwie wendet sich alles Schlechte, fügt sich zum Guten und ich möchte fast glauben, dass dies alles nicht ohne Grund geschieht und das Schicksal uns etwas mit auf den weiteren Weg geben möchte.

Weit in der Ferne erhebt sich ein alles überragender türkisblauer Backsteinkuppelbau in der beschaulichen Kleinstadt Soltaniyeh in den Himmel, die wohl ohne dieses wuchtige achteckige Mausoleum des Öleitü mit der höchsten gemauerten Kuppel der Welt völlig unbekannt wäre. Zerstörungen, Erdbeben und Zerfall haben es in Mitleidenschaft gezogen und es wird schon seit Jahren wiederaufgebaut. Thorben und ich gehen in das von Gerüsten gestützte Innere und bestaunen zehneckige Sterne aus Ton an den Gewölbedecken, detailverliebte Kachelarbeiten in Türkis und Kobaltblau und geometrische Blumenmosaiken, die sich bis zu der steilen Wendeltreppe ziehen. Stetig aufwärts durch wuchtige Mauern hindurch begehen wir den überwölbten Rundgang mit arabesken Wandmalereien zur luftigen Terrasse. Die Spuren der Sultane des Osmanischen Reichs verschmelzen mit dem Ausblick auf die eintönige Vegetation der Wüstenlandschaft, den kargen Hängen und schneebedeckten Spitzen des Elbursgebirges zu einem Hauch aus Tausendundeiner Nacht.

Am Fuße dieser Berge liegt die Stadt Quazvin und dort tauchen wir vollends in die prachtvolle Architektur der Perser ein. Der Weg dorthin war hart erkämpft. Bevor ein Iraner unsere Frage nach der Lage des Wallfahrtsortes Imamzade-ye Hossein nicht beantworten kann, schickt er uns lieber in irgendeine Richtung. Höflichkeitsbedingt, stets freundlich und gehorsam liegt ihnen das Neinsagen nicht besonders. Man wird immer eine Wegbeschreibung erhalten, ganz gleich, ob der Gefragte den Weg überhaupt kennt.

Nach einer Stunde dämmert es uns so langsam, als wir wieder an Esperanza vorbeilaufen und nur eine Straßenecke weiter endlich das Haupttor finden, dessen Fassade von sechs Zierminaretten überragt wird. Der Eingang ist zweigeteilt und wir müssen uns trennen – Männer nach rechts, Frauen nach links. Dort liegt auch für mich ein Chador bereit, ein großes dunkles Tuch in Form eines gesäumten Halbkreises, das mich, über die gewöhnliche Kleidung um Kopf und Körper gewunden, in ein Zelt verwandelt, wie der Name auch übersetzt heißt. Vollkommen konturlos, erkennbar nur noch an Augen, Nase und Mund, erscheine ich in der Anlage und wünsche mir Hundert Hände zum Festhalten. Entweder rutscht mir der Chador vom Kopf oder mein Hinterteil blitzt heraus. Nur mithilfe der Achseln und Zähne klappt es einigermaßen und entlarvt mich schon von weitem als Touristin. Thorben muss nicht lange suchen.

Der mehr als 4000 Quadratmeter große Vorplatz der Moschee ist auf allen Seiten von einer mit Fliesen und Verzierungen umlaufenden Ziegelmauer geschützt, die die Minarette miteinander verbindet und Platz für 50.000 Gläubige bietet. Mit kleinen Baumgruppen bepflanzt, unter denen Bänke stehen, handelt es sich um einen Ort, der zum Verweilen einlädt. Die Atmosphäre ist wundervoll: Kinder tollen fröhlich herum, Familien, die eine ruhige Ecke gefunden haben, halten plaudernd und lachend ein kleines Picknick. Eine Stimmung, die bei uns ein Wohlgefühl auslöst, ganz im Gegensatz zu der bei den wenigen Kirchenbesuchen in Deutschland, an die ich mich erinnere. Das sind ernste Orte, an denen man ehrfürchtig sein muss und höchstens flüstern darf. Als der Muezzin zum Mittagsgebet ruft, erwachen die Gläubigen aus ihrer träumerischen Schläfrigkeit, vollziehen in dem großen, mittig angelegten Wasserbecken des Innenhofes die rituelle Reinigung von Händen, Füßen und Gesicht und eilen anschließend in Richtung des Gebetsraums.

Der überkuppelte Grabbau aus gelb-blauen Fliesen gleicht einem Palast und birgt in sich ein wahres Kunstwerk. Barfuß betrete ich den Schrein und werde schier geblendet. Vom prunkvollen Kronleuchter breitet sich strahlendes Licht aus, das von Spiegelmosaiken und Kristallen, die den gesamten Innenraum auskleiden, reflektiert wird und alles funkeln und glitzern lässt. Das Mausoleum wirkt wie ein Märchenschloss. Frauen beten, weinen und flehen, küssen das kastenförmige, vergitterte Grab, stecken Geldscheine durch die Metallstangen, werfen sich nieder und verharren dort reglos. Sprachlos lehne ich an der Wand und sinke langsam zu Boden, während mein Blick die letzte Ruhestätte eines Sohnes des achten Imams Reza fixiert. Dort lasse ich diese unbekannte, unabdingbare Verehrung auf mich wirken.

Wir nähern uns Teheran und *erfahren* das einzig erkennbare Risiko in diesem Land: Autofahren. Der Verkehr ist nichts für schwache Nerven, zumindest dann, wenn man nicht an dieses organisierte Chaos gewöhnt ist. Die sonst so höflichen Menschen vergessen hinter dem Steuer alle Erziehung und verwandeln sich in Wahnsinnige, vollziehen mörderische, rücksichtslose Überholmanöver und schneiden uns massiv. Hier gilt das Recht des Stärkeren. Das hat zur Folge, dass das Land relativ gesehen die meisten Verkehrstoten weltweit hat. Noch weit vom Zentrum entfernt wird der Verkehr auf der elfspurigen Autobahn zähflüssig und wenig später bleiben wir in einem Stau stecken, der sich durch die ganze Stadt zieht. Es scheint, als wären alle acht Millionen Einwohner auf einmal unterwegs. Thorbens Fahrkünste werden auf eine extreme Probe gestellt und in den nächsten Stunden bis ins kleinste Detail geschult. Jeder eröffnet seine eigene Spur und fährt, wie er will. Bei genauerem Hinsehen lässt sich jedoch ein System entdecken, das funktioniert: Rücksichtslosigkeit, keine Vorsicht zeigen, nicht die Geschwindigkeit reduzieren und auf gar keinen Fall stehen bleiben. Gleiches gilt auch für Fußgänger: Einfach laufen, die Autos weichen schon aus! Ich als Beifahrer kann es nicht mit ansehen, versuche, es auszublenden, konzentriere mich auf die Stadt und stelle fest, dass das Nebeneinander von Tradition und Moderne nirgendwo sonst so ausgeprägt ist wie hier. Im Herz der Stadt ragt das schneeweiße Azadi-Monument, seit der Revolution 1979 Symbol des Friedens, inmitten eines weitläufigen wabenförmig angelegten Rasens hoch in den blauen Himmel empor: Ein Ypsilon, völlig eingedeckt von gebrochenen Marmorsteinen, stellt mit seiner futuristischen Architektur unverkennbar das Wahrzeichen der Stadt dar. Seine mächtigen vier Beine symbolisieren die vier Ur-Zivilisationen Ägypten, China, Iran und Rom. Esperanza umkreist den Freiheitsplatz über die zweispurige weitläufige Straße, verlässt die Hauptstadt gen Süden, zweigt vom alten Hippie Trail ab, der weiter nach Osten und somit nach Kabul in Afghanistan führt, und erreicht gegen Nachmittag Qom.

Überall im Iran gehört Kinderarbeit zum Straßenbild. Wir sitzen in einem kleinen Straßenrestaurant und werden von einem etwa zwölfjährigen Jungen bedient. Es überrascht uns also nicht, dass der Sohn des Besitzers unsere Bestellung aufnimmt, aber dass er mit uns Deutsch spricht dagegen sehr. Bijan ist eigentlich in Düsseldorf zuhause und zurzeit im Iran auf Familienbesuch. Dieser Glücksfall beschert uns das Beste aus der Küche: gefüllte Aubergine, Safranhähnchen, Reis mit Berberitzen und zum Nachtisch das berühmte *Sohan*. Erst nach einer Weile verschwindet der Geschmack von dem Rosenwasser der Karamellspeise – und dann kann ich gar nicht mehr genug davon bekommen. Als wir bezahlen wollen, winkt Bijan lachend ab: „Mein Vater möchte euch gerne einladen."

Um sich nicht hemmungslos durch den Iran zu schnorren, sollte man die Regeln des *Tarouf* kennen, der im gesellschaftlichen Leben des Irans eine übergroße Rolle spielt. Er ist eine Höflichkeitsfloskel, die sich im gesamten Alltag beim Einkaufen, der Inanspruchnahme von Dienstleistungen und Einladungen wiederholt und nicht zwangsläufig ernst gemeint ist. Das Ritual ist sehr subtil und erfordert ein enormes Feingefühl, bei dem vor allem der Einladende das Gesicht zu wahren hat und vielleicht gar nicht über die finanziellen Mittel verfügt es aber dennoch versucht hat: Wir für unsere Seite lehnen das Angebot des Gastwirtes einige Male ab und möchten bezahlten. Er besteht stets mit Nachdruck auf sein Angebot – und erst dann nehmen wir das Geschenk an. Vor lauter Dankbarkeit möchte ich ihm die Hand schütteln – doch seine Geste ist unmissverständlich. Er zieht seine flache Hand ruckartig an seinem Hals entlang, was übersetzt so viel bedeutet wie: Ich gebe Frauen nicht die Hand, sonst werde ich geköpft. Bijan reicht uns noch ein paar Flaschen iranische Cola der Marke Pipi, die neben dem Tee das Nationalgetränk ist, und notiert auf einem kleinen Fetzen Papier seine Nummer, die wir jederzeit anrufen können, wenn wir Hilfe brauchen oder Fragen haben.

Nicht nur der Schrein von Fatima Masuma, der Schwester des achten schiitischen Imams Reza, ist heilig. Nein, die ganze Stadt ist konservativ, tief religiös und gilt als Hochburg radikaler schiitischer Theologen. Hier wurden die Ideen der islamischen Revolution geboren, hier treffen sich islamische Fundamentalisten und politische Gegner des Westens und Ehebrecherinnen werden unweit des Marktes zu Tode gesteinigt. Die Stimmung ist dementsprechend gedämpft und demütig. Niedergeschlagen. Der Islam ist allgegenwärtig und spiegelt sich im Straßenbild, der Sprache und der Kleidung. Seit die Vorschriften etwas liberalisiert sind, ist Make-up nicht mehr verboten. Andernorts lackieren sich die Iranerinnen ihre Fingernägel und schminken sich kräftig, um wenigs-

tens die sichtbaren Körperstellen herauszuputzen. Seit Jahren gilt es im Iran als besonders schick, sich die Nase operieren zu lassen. Selbst das postoperative Pflaster wird gerne zur Schau getragen. Schon mehrmals habe ich beobachtet, dass ohne Angst vor der Sittenpolizei viele Kleidungsstücke figurbetont und modisch sind, das Kopftuch wie ein Accessoire locker auf den toupierten Haaren liegt und ganz zufällig gefärbte Haarsträhnen in die Stirn fallen: Ein stummer Schrei der Verzweiflung, legale Rebellion und in meinen Augen unglaublich stark und mutig. Hier in Qom dagegen kann ich keine einzige Frau entdecken, die, ohne die Gesetze zu brechen, versucht, die strengen Regelungen geschickt zu umgehen. Bis auf wenige Ausnahmen tragen alle einen dunklen Chador.

Nach einem ausgiebigen Frühstück am nächsten Morgen spazieren wir in das Stadtzentrum und folgen gewaltigen Pilgerströmen zum zweitwichtigsten Wallfahrtsort der Schiiten im Iran: dem Schrein der Fatima Masuma. Die goldene, mächtige Kuppel der Moschee und sechs herrlich verzierte Minarette thronen über dem Komplex und sind schon von weitem gut zu erkennen. Ich bin verhüllt wie immer, doch trotz meiner weiten Hose, der langen Tunika und des Kopftuches werde ich von einem uniformierten Aufpasser mit buntem Staubwedel in der Hand zurückgewiesen. Was hat mich nur als Nichtmuslimin verraten? Auf dem Markt kaufe ich einen Chador, verschwinde darin bis zur Nasenspitze, versuche es erneut und erhalte über den nach Geschlechtern getrennten Eingang Zutritt. Innerhalb des etwa 40.000 Quadratmeter großen Komplexes herrscht reges Gedränge. Gläubige schwirren wie geschäftige Bienen umher, Mullahs, Gelehrte und Prediger eilen, in braune Umhänge gehüllt, und das Haupt mit weißen und schwarzen Turbanen geschmückt, über den Hof. Nur Thorben kann ich nirgends entdecken.

Freitag, der iranische Sonntag, ist der Tag der Zusammenkunft und des besonderen gemeinsamen Gebets und damit zweifellos der wichtigste Wochentag im Leben der

Muslime. Für Reisende wie uns verlieren Wochentage an Bedeutung und geraten in Vergessenheit. Plötzlich finde ich mich zwischen Tausenden verschleierten Frauen auf dem Boden kniend wieder. 95.000 Personen haben im Hof Platz und ein kurzer umherschweifender Blick verrät, dass kein Fleck mehr frei ist. Ich stecke vollkommen alleine inmitten des wichtigsten Gebets der gesamten Woche: das Freitagsgebet. Eine für muslimische Männer und Jungen ab der Pubertät im Koran vorgeschriebene, für Frauen empfohlene, religiöse Verpflichtung, die nach Möglichkeit gemeinschaftlich abgehalten werden soll. Die Angst im Nacken, erwischt zu werden, wandelt sich in Sekundenschnelle zu Panik. Zwar steht mir die Konfessionslosigkeit nicht auf der Stirn, aber in einem Zwangsverhör über die Suren des Korans würde ich gnadenlos versagen und die Scharia, die islamische Rechtsprechung, sieht schwere Strafen für Vergehen gegen die göttliche Ordnung vor. Ich frage mich, wie viele Peitschenhiebe wohl darauf stehen und ob ich im schlimmsten Fall mit dem Tod bestraft werde. Vor der Reise war ich noch nie in einer Moschee und das muslimische Gebet kenne ich nur aus dem Fernsehen. Ich bin völlig ahnungslos, was nun passiert und was zu tun ist. Während der Imam die *Khutba* hält, ist es totenstill. Mit dem Gebet richten sich die Gläubigen auf, wenden das Gesicht gen Mekka. Nach dem *„Allahu akbar."* beugt sich die gesamte Masse synchron nach vorne, berührt mit den Handflächen die Knie und spricht: *„Subhana rabbiya l-adhim."* Ich bin fasziniert. Diese familiäre, friedliche Atmosphäre. Voller Leidenschaft, Liebe und Wärme. Nach einem weiteren Gebet werfen wir uns nieder, berühren mit Zehen, Knien, Handflächen und Stirn den Boden. „*Subhana rabbiya l-a la.*“ Wir erheben uns und kommen auf den Füßen zum Sitzen, legen die Hände auf die Oberschenkel. „*Rabbi ghfir li.*“ Wir stehen auf, verbeugen uns noch weitere Male, drehen zum Abschluss den Kopf mit den Worten „*As-salâmu 'alaykum.*“ nach rechts, drehen den Kopf nach links, wiederholen die Grüße an Gott und beenden das Gebet. Die Gemeinschaft löst sich auf, Thorben steht plötzlich neben mir, und ich frage mich, ob das alles nur ein Traum war.

Mit einem Gebetsstein, der einen Kompass einfasst und nach Mekka weist, verlassen wir Qom und rollen weiter nach Süden. Noch am gleichen Tag fahren wir 350 Kilometer. Das ist richtig viel, schaffen wir doch meist nur hundert oder noch weniger an einem Tag. Wie in Deutschland sind die Straßen im Iran hervorragend: erstaunlich glatt geteert und problemlos mit Höchstgeschwindigkeit zu befahren. Etwa dreißig Kilometer vor Esfahan entdecken wir auf der Autobahn einen heruntergekommen Bus mit Schweizer Kennzeichen, auf dessen mattgrünem Lack ein großes Graffiti mit dem Namen Lucy prangt. Thorben gibt beim Überholen mit der Hupe Zeichen, ich winke und wir sind gespannt, wer auf dem nächsten Parkplatz aussteigt. Nacheinander stolpern drei junge Kerle in

Socken aus dem alten Kleintransporter, einem VW LT, heraus, und als der Letzte von ihnen die laute Musik der Fahrerkabine ausstellt, erfahren wir von Markus, Dany und Andy, dass sie, wie wir, nicht nur auf dem Weg nach Esfahan, sondern

auch auf dem Weg nach Indien sind. Im Konvoi fahren wir weiter bis zu einem idyllisch gelegenen Stellplatz neben einem großen Park. Um unsere Begegnung zu feiern, irren wir gemeinsam durch die mittlerweile dunklen Straßen, passieren Staubsaugergeschäfte, Auto- und Fahrradwerkstätten, bis endlich ein Kiosk auftaucht, der auf den ersten Blick nur Cola und Chips verkauft. Wie in allen Minimärkten verstecken sich dahinter Käse, Milch, Nudeln und Tomatensoße. Für nahezu jedes Lebensmittel gibt es ein anderes Geschäft. Obst und Gemüse wird meist am Straßenrand und gerne direkt aus dem Pick-up verkauft, Fleisch und Brot in eigenen Läden. Große Supermärkte findet man im ganzen Land nicht. Zum Anstoßen gibt es alkoholfreies Bier. Zum Essen besorgen wir im Fast-Food-Restaurant nebenan Pizza.

Ich schließe die Vorhänge der niedrigen Fenster, dann erst kann ich das Kopftuch ablegen, mich den Jungs unverschleiert präsentieren, und quetsche mich zwischen Thorben, Markus, Dany und Andy an den Tisch in unserem Bus. Ich lege es griffbereit auf meinen Schoß, falls es an der Tür klopft. Wir trinken, essen, verziehen zeitgleich das Gesicht und müssen wenig später lauthals lachen. Über das iranische Bier mit den Geschmackszusätzen Erdbeere, Multivitamin und Apfel und daumendicke Scheiben Lyoner Wurst auf daumendickem Teig mit Ketchup. Eben persisch, nicht deutsch oder italienisch.

Wir unterhalten uns stundenlang und lernen drei sympathische Menschen kennen, deren gute Laune sofort auf uns abfärbt. Es ist herrlich. So viel Spaß hatten wir selten. Die Harmonie stimmt und als Reisende ist man sowieso irgendwie auf der gleichen Wellenlänge. Wir hören faszinierende Geschichten von ihrer Reise. Vieles überschneidet sich, einiges ist vollkommen anders verlaufen, aber eines haben wir gemeinsam: die unangenehme Geldwechselaktion an der Grenze. Markus war so geistesgegenwärtig und hat seinen Stapel Rial gezählt – und hat das Spielchen trotzdem verloren: Ein Schein fehlte. Der Wechsler nahm das Geldbündel wieder an sich, legte zwar noch einen dazu, ließ im günstigen Augenblick aber einige andere verschwinden und gab Markus im Endeffekt noch viel weniger zurück.

Ich habe nicht alle Städte im Iran gesehen und wage doch zu behaupten, Esfahan, am Rande der Salzwüste Dasht-e Kavir, umgeben von Stahlindustrie, ist die schönste.

Nur schwer kann ich meinen Blick von den herrlichen Mosaiken, verziert mit feinen Blumenmustern, und der einfarbigen hellen Kuppel lösen, die je nach Lichteinfall ihre Farbe von Rosa über Beige bis Karamell verändert, und verharre staunend vor dem Eingangsportal der Lotfollah-Moschee. Ein Meisterwerk aus persischer Keramikkunst. Farbenprächtige, blau und türkis gemusterte Kacheln, eingerahmt von religiösen, kalligrafischen Fliesen. Aus seinem Himmel ergießen sich Kuppeln, die einem Wabennetz gleichen und sanft an den Fenstern mit Fayencegittern auslaufen.

Vor Thorben, mir und den Jungs breitet sich das historische Zentrum der Stadt aus. Der rund 90.000 Quadratmeter großen Meydan-e Imam. Paläste und Moscheen, verbunden durch zweistöckige Arkaden, fügen sich zu einer geschlossenen Einheit zusammen und umrahmen den Platz.

Iraner lieben es zu picknicken und sind allzeit bereit, im Freien zu essen. Auf dem kleinsten Stückchen Grün, selbst wenn es zwischen zwei Schnellstraßen liegt, wird dem beliebten Zeitvertreib nachgegangen, eine Decke ausgebreitet und die Tupper-Dosen mit dem vorgekochten Mittagessen ausgepackt. Auf dem saftigen, gepflegten Rasen, der den Großteil des Meydan-e Imam einnimmt und ein gigantisches Wasserbecken mit Springbrunnen umrahmt, sitzen Hunderte von Familien und Freundesgruppen zusammen, lachen, entspannen und rauchen *Qalyan,* die persische Wasserpfeife. Im Schatten eines der unzähligen akkurat gestutzten Büsche schließen wir mit einer Gruppe Jugendlicher Bekanntschaft, die uns fröhlich willkommen heißt. Als sie erfahren, dass Thorben und ich aus Deutschland kommen, beginnen ihre Augen zu leuchten und sie erzählen stolz, dass auch sie Arier seien und wir der gleichen Rasse angehörten.

Ursprünglich stammt der Begriff *arisch* aus der Sprachwissenschaft. Als Arier wurden Menschen aus dem Sprachgebiet des heutigen Irans, auf Mittelpersisch *Eran* bezeichnet. Diese Sprache war Teil der indogermanischen Sprachfamilie, innerhalb derer auch das Deutsche seinen Ursprung hat. Im 19. Jahrhundert haben Hitlers Vordenker Houston Stewart Chamberlain und Arthur de Gobineau den Begriff des Ariers verfremdet, auf eine vermeintliche weiße oder auch nordische Rasse übertragen und damit eine wissenschaftlich nicht haltbare Rassenlehre konstruiert. Genau diesen Unsinn finde ich später hinter einem Schaufenster der zweistöckigen Arkaden, die den Platz umgeben, und bin sehr verwundert: Inmitten von Büchern und Schriften steht eine Ausgabe von Adolf Hitlers *Mein Kampf.*

Noch ganz in Gedanken bekomme ich einen fliegenden Teppich angeboten – und ehe wir uns versehen, sitzen wir zu fünft im Nachbargeschäft, umgeben von prächtigen Teppichen, bekommen Tee serviert und eine kleine Vorführung. Perserteppiche gelten weltweit als die hochwertigsten und sind nach Öl und Erdgas das wertvollste Exportgut des Landes. Tausende, manchmal Millionen handgeknüpfter Knoten formen einen Teppich, dessen Muster vor allem von floralen Motiven geprägt sind. In den edelsten glänzen feine Seidenfäden und je größer der Schimmer, desto höher ist der Preis. Platz für einen Perser hätten wir, aber kein Geld. Um den Sanktionen im Zahlungsverkehr erneut ein Schnippchen zu schlagen, suche ich mir einen schönen Gebetsteppich aus Polyester aus, bitte den Verkäufer, den Verkaufspreis auf umgerechnet 200 Dollar aufzustocken und mir den Rest in Bar auszuzahlen. Und tatsächlich, es klappt wieder, das Embargo zu umgehen. Geld macht ja bekanntlich nicht glücklich, aber es beruhigt. Glücklich *und* beruhigt verlassen wir den Laden und schlendern weiter durch den Basar-e Bozorg, einen der größten im Mittleren Osten und ein Ort, um sich hemmungslos im Gewimmel zu verirren.

Besonders angenehm finde ich, dass die Händler sehr zurückhaltend sind. Keiner ruft mir als Frau hinterher oder fasst mich an, um mich zum Kauf zu animieren. Die dunklen Gänge sind mit Kuppeln überdacht. Je nach Sonnenstand fällt ein breiter Lichtstrahl von oben durch eine schmale Öffnung herein. Jede Gasse, jeder Innenhof scheint unter einem eigenen Thema zu stehen, wo sich die überladenen Auslagen der Händler aneinanderreihen. Im Westen sind vorrangig Teppichhändler ansässig, im Süden stehen einzigartige Öle und Gewürze in allen erdenklichen Farben zum Verkauf, kunstvoll in kleinen Schälchen aufgetürmt, von denen Gerüche ausgehen, die meine

Sinne heillos überfordern. Wir durchqueren den Basar bis in den Osten und bestaunen handgeschmiedete Lampen, Bilder und farbenfrohe Stoffe. Hier werde ich auf Deutsch von einem Mann angesprochen, der freudestrahlend auf meinen Reiseführer deutet. „Auf Seite 177 ist mein Vater abgebildet. Folgt mir, ich möchte ihn euch gerne vorstellen." Neugierig laufen wir hinterher, irren durch das Labyrinth und werden in ein Leinengeschäft geführt.

Bettwäsche, Tücher und Decken hängen an den Wänden und liegen auf langen Tischen. In der hinteren Ecke des Raumes sitzt ein alter Mann im Schneidersitz auf dem Boden und lässt aus einfachen weißen Läufern Kunstwerke entstehen. Mit verschiedenen Stempeln und Farben druckt er filigrane Muster auf den Stoff und zeigt uns dabei immer wieder freundlich, was er gerade macht. Zwischenzeitlich blättere ich durch das dicke Buch und tatsächlich finde ich darin denselben Mann in derselben Haltung. Stolz erhebt er sich, gibt mir ein Autogramm unter sein Abbild und, was mich am meisten überrascht, schüttelt meine Hand. Wieder einmal bin ich erstaunt über den flexiblen Umgang mit dem Gesetz.

Am Abend winkt uns der Koch eines kleinen Straßenrestaurants heran. „*Please, come in and taste Biryani. The specialty of Esfahan, my friends.*" Vollkommen kaputt und unglaublich hungrig kommt uns das sehr gelegen und wir nehmen am einzigen Tisch des kleinen Raumes Platz. Im Radio klingt langsame traditionelle iranische Musik, in der es viel um alte Poesie geht und die stark mit der Kultur verwurzelt ist, und Thorben fragt aus Spaß, ob er sein I-Phone anschließen könne. Das Essen wird aus der Küche

vom Obergeschoß über einen kleinen Aufzug abgelassen und ist in der Tat speziell: Auf einem *Lavash* liegen Kuhfladen aus gekochtem, anschließend gehacktem Ziegenfleisch und Innereien, verfeinert mit Zimt, Mandelstreifen, Zitronenstücken und Minzblättern. Ähnlich wie bei Labskaus oder *Tote Oma* täuscht die Optik und nach einer kurzen Überwindung bekommt der Besitzer, der sich hinter dem Tresen schwungvoll zu Johnny Cash bewegt, von allen einen erhobenen Daumen und ein breites Grinsen.

Am nächsten Morgen verabschieden wir uns von Markus, Dany und Andy. Wir wollen einen Abstecher zum Tauchen an den Persischen Golf machen. Mit einer Tasse Kaffee in der einen und frischem Fladenbrot in der anderen Hand, vor uns ein Teller mit Gurken, Tomaten und Schafskäse, sitzen wir zwischen den Bussen auf dem Boden des Parkplatzes und planen ein baldiges Wiedersehen in Kerman. Eine Fahrt im Konvoi ist nicht nur unterhaltsamer, sondern auf dem gefährlichen letzten Abschnitt und bei einer Panne auch viel sicherer. Bevor es weitergeht, erkunden Thorben und ich erneut die Stadt. Diesmal verschlägt es uns in den südlichen Teil des Zentrums, zum Fluss Zavendah Rud, der Lebensader einer ganzen Region.

Zwischen den historischen Brücken, die allesamt aus dem 17. Jahrhundert stammen, führen gepflasterte Wege entlang, die zum Flanieren einladen. Beliebtester Treffpunkt für die Stadtbewohner sind die 33 Bögen der Si-o-Se, Esfahans längster Brücke und zugleich Wahrzeichen der Stadt. In den nicht einsehbaren Nischen sitzen Paare, die heimlich Händchen halten und die romantische Atmosphäre genießen. Musiker zupfen auf Gitarren, ältere Männer singen und rezitieren alte persische Lieder. In einem deutlich größeren Bogen am Ende der Brücke versteckt sich ein Teehaus. Dort kehren wir ein und gesellen uns zu den anderen Gästen. Es dauert nicht lange, dann ist unser Tisch umringt – als einzige Ausländer weit und breit haben wir das Gefühl, die ersten Besucher aus Europa zu sein, und kommen uns vor wie Popstars. Die Menschen, von der Außenwelt weitestgehend abgeschnitten, haben großes Interesse an allem Fremden und sind erstaunlich gut informiert, wie die Dinge in Europa laufen. *„What's your name? Which country? Where you go?"* Amin, ein junger Student, bietet uns sogleich einen Platz zum Schlafen auf seinem Sofa an, wir posieren für Schnappschüsse, und besonders die Frauen möchten ihre Neugierde stillen, verschlingen mich unverhohlen mit ihren Blicken und stellen Fragen in einem Mix aus Persisch und ein paar Brocken Englisch.

„Do you believe in God? Are you married?" Sie berühren meinen Bauch und fragen: *„How many children do you have?"* Wir geben uns als Christen aus, was sie nickend akzeptieren. Nur Gottlosigkeit würden sie nicht verstehen. Sie sind schon traurig genug zu hören, dass wir keine

Kinder haben. Ich erzähle von unseren Plänen, ein Baby zu bekommen, was ihre Gesichter sofort wieder erstrahlen lässt. Dass die Familienplanung auf Reisen häufig und im Iran eigentlich gar nicht möglich ist, weil sich Esperanza bei jeder Bewegung aufschaukelt, behalte ich lieber für mich.

Bis weit in die Mittagsstunden hinein verweilen wir, genießen die Aussicht, den Sonnenschein und die vielen Bekanntschaften, während neben uns unaufhörlich das Wasser wie an einem Damm durch die Schleusen rauscht. Dieses gedankenlose Treibenlassen wird sich bald rächen und lehrt uns für die Zukunft, frühzeitig, noch vor Einbruch der Dunkelheit, nach einem Stellplatz für die Nacht zu suchen.

Abadeh ist bereits in das schwache Licht der Straßenlaternen getaucht. Frauen huschen über die Straße und sind unter ihren schwarzen Tüchern fast unsichtbar. Als unser Motor am Straßenrand verstummt, erregen wir wie gewohnt Aufmerksamkeit, aber diesmal stimmt unser Bauchgefühl nicht. Woran es liegt, kann ich nicht sagen, aber nicht nur ich fühle mich unwohl. Auch Thorben äußert Bedenken. Junge Männer umringen den Bus. Ein paar weitere kommen dazu, diskutieren lauthals und sind sich schließlich einig, dass hier kein guter Ort zum

Übernachten ist und uns einer von ihnen lieber mit seinem Motorrad zu einem Hotel führen soll. Voller Vertrauen fahren wir hinterher, hören im Anrollen aber noch Sätze wie „Tut das nicht!", „Bleibt hier!" und sind nun innerlich vollkommen verunsichert. Wenig später hält der Motorradfahrer an, kommt zum geöffneten Fahrerfenster und bietet uns Haschisch, Opium und Heroin an. Thorben schließt sein Fenster und tritt auf das Gaspedal. Wir werden noch eine ganze Weile verfolgt aber schaffen es schließlich, unsere lästige Bekanntschaft loszuwerden.

Erst zwei Stunden später und zweihundert Kilometer weiter taucht auf der Autobahn ein Restaurant aus der Dunkelheit auf. Auf Nachfrage dürfen wir hier stehen, können gleich etwas essen, ohne selber zu kochen, aber die Nacht wird wenige Meter neben der Fahrbahn definitiv nicht ruhig werden. Gerade räumt der Kellner unsere Teller ab, von denen auch der letzte Rest Kebab, Reis und gegrillte Tomaten in unseren Mündern verschwunden ist, als sich zwei Gäste zu uns gesellen. Die älteren Herren möchten unser Abendessen bezahlen und uns zum Nachtisch auf eine Portion Opium einladen, was wir dankend ablehnen. Am meisten überrascht es mich, dass die Männer später zwei nebeneinanderstehende Lastwagen auf dem Parkplatz ansteuern und nach dem Scheibenputzen im Fahrerhaus den Gasbrenner auspacken, einen dunklen Klumpen kneten und in Alufolie erhitzen, bis es zu qualmen beginnt. Währenddessen wird ein Geldschein gerollt, in den Mund gesteckt und mit dem offenen Ende der Rauch inhaliert. Betäubt und mit einem breiten Grinsen winken sie uns nochmals zu, starten die

Motoren, lassen zum Abschied die Fanfaren ertönen und verschwinden in der Dunkelheit.

Die Nacht zählt zu denjenigen, die man auf Reisen nicht gerne erlebt und am besten schnell vergisst. Im Minutentakt rasen LKWs an uns vorbei und lassen den Bus durch den Fahrtwind aufschaukeln. Die ungewohnte Geräuschkulisse vor unserem Zuhause und die harte Unterlage unserer Polster halten mich lange wach. Statt Schäfchen zu zählen, beobachte ich den Minuscountdown auf dem Thermometer, bis bei minus sechs Grad gegen vier Uhr schließlich doch die Müdigkeit siegt. Keine Frage, dass wir heute ganz früh weiterfahren.

Die Sonne wärmt meine steifen Knochen, zaubert mir ein Lächeln ins Gesicht und lässt die letzten Stunden, nein, eigentlich die gesamte Zeit seit Einbruch der Dunkelheit schnell in Vergessenheit geraten. Sie gibt mir die Gelassenheit, mich nicht darüber zu ärgern, dass nur wenige Kilometer vom Stellplatz entfernt das Paradies gewesen wäre: eine lange Baumallee direkt zu Füßen der antiken Stadt Persepolis. Die Stadt der Perser. Die ganze Anlage im Blick, die in gleißendem Licht liegt und sich farblich in die Umgebung einfügt, wandeln wir entlang der Allee Richtung Eingangstreppe. Nach 63 großen, unregelmäßigen Stufen aus Kalkstein breitet sich vor uns die teils aus dem Felsen gehauene Terrasse aus, auf der 520 v. Chr. kunstvolle Gebäude und Paläste standen, bis sie etwa zweihundert Jahre später durch Alexander den Großen trotz der Befestigungsmauer aus Backstein in Brand gesteckt und zerstört wurde. Übrig geblieben sind nur

noch wuchtige Tore und Säulen aus bis zu dreißig Tonnen schweren, hellen Steinquadern, akkurat gebaut ohne Mörtel, die mit großen Wächterfiguren geschmückt sind: geflügelte Stiere mit menschlichem Antlitz, Haaren und gekringelten Bärten. Tief in mein Herz schließe ich Homa, einen doppelköpfigen Vogel aus der persischen Mythologie, der Glück und Freude schenken soll und heute das Logo der Iran Air ist.

Die gut sichtbaren reliefartigen Bilder an den Mauern der Terrasse und an den Aufgängen zeigen anschaulich das Leben bei Hofe: Kamele, Stiere und mit Schwertern und Lanzen bewaffnete Soldaten. Fein gearbeitete durchweg männlichen Figuren – es sind mehrere Hundert – mit ihren Frisuren, Bärten und Trachten lassen Rückschlüsse auf ihre jeweiligen Völker zu: Meder, Armenier, Parther, Babylonier, Assyrer, Ägypter, Skythen, Ionier, Inder, Thraker, Araber, Libyer, Äthiopier. Aus ihren Heimatländern bringen sie dem Herrscher Geschenke mit: Tiere, kostbare Krüge und Schalen, Reitertrachten, Waffen.

Ich schreite an den Steinwänden entlang und bin beeindruckt, wie sich das Leben bei Hofe förmlich wie in einem riesengroßen Album aufblättert, während Thorben seit Stunden über den blöden alten Steinhaufen schimpft.

Von ganz oben entpuppen sich die Bäume des Parkplatzes als richtiger Wald, dessen Grün in einem Land, das zur Hälfte aus Wüsten besteht, eine willkommene Abwechslung und beinahe paradiesisch ist. Erleichtert seufzt Thorben laut auf, als ich verkünde, mich bei einer Temperatur von 35 Grad dann doch lieber vor einem kleinen Getränke- und Imbissladen im Schatten niederzulassen, um einen Cay zu trinken.

Je weiter wir nach Süden kommen, desto mehr zieht sich das Grün zurück. Es ist eine endlose kahle Gegend, geprägt von Lehm- und strohgedeckten Backsteinhäusern, von gleicher Farbe wie der braune Boden. Konische Eishäuser, sogenannte *Yakhhdans*, und Windtürme auf den Dächern, die den heißen Wüstenwind auffangen, abkühlen und in den Wohnbereich ableiten, ragen harmonisch in den blauen Himmel, der den einzigen farblichen Kontrast bildet. Zum Glück haben wir noch nicht gefrühstückt, denn überall werden gerade Schafe geschlachtet, hängen am Straßenrand und färben den Sand rot. Es dauert eine Ewigkeit, bis wir uns von 2000 Höhenmetern, dem Zagros-Gebirge und dem Hochplateau, auf dem wir uns seit der Osttürkei befinden, auf Meeresniveau zubewegen. Als sich Palmen, die ersten Vorboten der Küste, zeigen und ein Ende des Massakers ankündigen, klettere ich über die Sitzbank nach hinten und hole aus unserem

Schmuggelfach im Bettkasten eingeschweißtes Schwarzbrot und Bratwurstgehäck in Dosen, damit wir nebenbei unsere knurrenden Mägen füllen können. Kaum beiße ich genussvoll in das Brot hinein, zieht uns eine Polizeikontrolle aus dem Verkehr. Da mit mir eh keiner spricht, verdrücke ich mich samt Frühstück wieder in den Wohnraum und esse so schnell wie noch nie in meinem Leben das Schweinefleisch auf.

Es wird immer schwieriger, den richtigen Weg zum Persischen Golf zu finden. Das GPS empfängt kein Signal mehr. Anstatt an die ersehnte Küste zu führen, steigt die Straße wieder an und windet sich durch eine kahle Berglandschaft. Mit einsetzender Steigung ist unsere Esperanza eine einzige Zumutung für andere Autofahrer und so winkt Thorben unseren Verfolger, den weißen Khodro Samand, vorbei. Hergestellt im Iran ist er günstig und somit sehr beliebt und wir sehen kaum einen anderen PKW auf den Straßen. Beim Überholen öffnet sich das Fenster und der Fahrer fragt, ob wir Hilfe bräuchten. Wir verneinen und sehen ihn vor uns zwischen den bizarren Felsformationen verschwinden. Etwa fünfzehn Kilometer später steht das Fahrzeug mit eingeschaltetem Warnblinker am Straßenrand, davor ein junges Pärchen, das uns mit einem Teller voll Obst und Süßigkeiten entgegenläuft.

Bis weit in die Dunkelheit sitzen wir auf den noch warmen Felsen, unterhalten uns auf Farsi, Deutsch, Englisch, aber vor allem mit Händen und Füßen. Ich erzähle von dem Wunsch, auf die Insel Kish zu fahren, und es stellt sich heraus, dass Ali und Sanaz auch in die Küstenstadt Bandar e Charak wollen, in deren Hafen unsere Fähre ablegt. Die beiden bieten uns an, vorauszufahren, um uns den Weg zu weisen, und nicht nur das, bei jeder Kurve oder Bodenwelle bekommen wir per Warnblinker ein Zeichen. Ein weiteres Geschenk in der tiefschwarzen Nacht. Etwa fünfzig Kilometer, dann sind wir am Ziel angekommen. Gemeinsam spazieren wir am Strand entlang und aus einer Verabschiedung wird eine Einladung zu ihren Verwandten, bei denen sie das Wochenende verbringen wollen. Esperanza bleibt stehen, wir steigen zu unseren neuen Bekannten ins Auto und keine fünf Minuten später begrüßt uns eine typische iranische Großfamilie in einer dunklen Seitengasse.

Bevor das Haus betreten wird, waschen sich alle an einem kleinen Becken im Innenhof die Füße. Der Vater, das Oberhaupt der Familie, Hasan, gibt uns Hilfestellung, reicht uns die Seife. Unsere Situation als Reisende entschuldigt die praktische, abgenutzte Kleidung, die mit Handwäsche und Tonne beileibe nicht fleckenfrei wird.

Nach einer gründlichen Reinigung führt er uns über die Türschwelle, und wir betreten, wie überall im Iran, direkt ein Wohnzimmer, das für unsere westlichen Gewohnheiten wirkt, als ob gerade ein- oder ausgezogen wird. Ein großer Raum, dessen Boden ein schwerer, dunkelroter, mit goldenen Ornamenten verzierter Teppich gänzlich bedeckt. Kissen lehnen an den nackten weißen Wänden. Eine wuchtige Schrankwand ist das einzige Möbelstück.

Hasan bittet Thorben und mich, auf dem Boden Platz zu nehmen und bald sitzen wir zwischen Oma, Opa, Söhnen, Schwiegertöchtern, deren Kindern, Cousins und Cousinen, die sich neugierig um uns scharen – die Frauen links, die Männer rechts von uns. Die Familienbande im Iran sind stark und üblicherweise leben Kinder bis zu ihrer Hochzeit bei den Eltern. Alle sind gekommen, um uns willkommen zu heißen, und betrachten neugierig den unverhofften Besuch. So viel Trubel haben wir nicht erwartet.

Die Frauen tragen auch innerhalb der Wohnung den islamischen Hidschab, Hasans Mutter ist in einen Chador gewickelt und hat zusätzlich ihre *Boregeh* angelegt: eine Maske aus Ziegenleder für verheiratete Bandari-Frauen der Golfregion, die Augenbrauen, Nase und Mund bedeckt. Wegen Thorbens Anwesenheit: ein fremder Mann in ihrem Zuhause, der ihr Enkelsohn sein könnte.

Über den Boden wird eine *Sofreh* ausgebreitet und auf dieser Tischdecke in unserer Mitte vermehren sich wie durch Zauberhand Schüsseln, gefüllt mit Obst, Pistazien, Chips und süßem Gebäck, und Teller mit Äpfeln und kleinen Messern zum Zerteilen der Früchte. Gastfreundschaft wird im Iran ganz großgeschrieben. Schon den Kleinsten wird beigebracht, Gästen hohen Respekt entgegenzubringen. Für uns ist es unbeschreiblich – überwältigend und beschämend zugleich. Dafür braucht es nicht vieler Worte zwischen Thorben und mir. Ein kurzer Augenkontakt reicht, um zu wissen, dass es dem anderen ähnlich geht. Wie behandeln wir in unserem Land Fremde? Welch große Vorurteile haben wir dank Medien und Politik gegenüber dem Iran und seiner Bevölkerung?

Unsere Bedenken haben sich, im Land angekommen, schnell in Luft aufgelöst. Wir erleben gastfreundliche Menschen, die uns reichen Westler aus reiner Warmherzigkeit vetrauen, uns einladen und mit Köstlichkeitne verwöhnen, obwohl sie vom stetig sinkenden Kurs der eigenen Währung mehr als gebeutelt sind.

Eine Verständigung mit den Familienmitgliedern ist verbal nicht möglich. Mit unseren neu erworbenen Brocken Farsi kommen wir nicht weit, denn es wird ausschließlich Arabisch geredet – und selbst Ali und Sanaz verstehen fast kein Wort. Wir alle sind in der Situation sehr unsicher, gleichwohl aber an den Lebensweisen der anderen interessiert und saugen gegenseitig alles auf. Manches übersetzt der Hausherr, vieles wird rein durch

Gesten sichtbar. Blicke werden ausgetauscht, wir lächeln uns gegenseitig an und lesen in den leuchtenden Augen: Du bist hier willkommen. Auch wenn die Sprache versagt, finden Gefühle wortlos Ausdruck. Es braucht nicht lange und wir haben diese lieben Menschen tief in unsere Herzen geschlossen. Uns fasziniert dieser Besuch weit mehr als die vielen Sehenswürdigkeiten, für die der Iran berühmt ist.

Einerseits ist es seltsam, neben so vielen Fremden zu sitzen, die sich ungeniert über uns unterhalten, zu uns blicken und gelegentlich die Wörter Allemane und Tourist fallen lassen. Andererseits können wir uns nichts Aufregenderes vorstellen, als im Zuhause einer iranischen Familie zu sein und an ihrem Leben teilzuhaben. In den für uns gefühlt peinlichen Momenten knabbern wir die Snacks. Sie selbst essen nichts und kaum neigt sich etwas dem Ende zu, eilt Hasans Mutter, stets fürsorglich darum bemüht, die Gäste zu verwöhnen, herbei, um es aufzufüllen und danach wieder schweigend und geduckt in der Ecke zu verschwinden. Ich wage kaum, sie direkt anzusehen, und frage mich, ob ich das überhaupt darf. Noch nie habe ich eine komplett verschleierte Frau gesehen. Im falschen Winkel betrachtet sieht die Maske wie ein großer Schnurrbart aus. Eigentlich zum Lachen, wenn es nicht so traurig wäre, und in dieser Hinsicht ist mir unsere Anwesenheit sehr unangenehm.

Plötzlich beginnen Hasan und sein Bruder heftig und vor allem laut zu diskutieren, sehen uns aufgebracht an und wiederholen mehrmals ein Wort, das unmissverständlich ist. *„Passport! Passport! Passport!"* Sie wollen unsere Pässe! Hasan spürt unsere aufkeimende Angst, setzt eine freundliche Miene auf und klärt das Missverständnis auf: *„I can help you with the tickets to the island, but therefore I need your passports."* Zuvor hat Hasan aber noch andere Pläne: *„Let's go for a visit to my sister's house!"*

Nur wenige Meter weiter das gleiche Spiel. Schuhe ausziehen, Füße waschen, eine herzliche Begrüßung von vielen Menschen, auf den Teppich setzen und essen. Platten voll mit weißem Nougat, genannt *Gaz,* mit *Hajabdollah,* kleinen Zuckerwatteballchen mit Safran, und *Shirini Nargili,* kleinen runden Kokoskeksen, sowie klebrige Datteln und randvolle Becher mit Eis werden uns serviert von Fatemeh, Hasans Schwester. Auch sie trägt eine Maske und ist komplett verschleiert, aber statt in Schwarz mit einem bunten, floralen Chador. Auch sie schminkt sich gerne, ist aber durch die Kleiderordnung extrem eingeschränkt. Ihre Fingerkuppen sind mit Henna braunorange gefärbt. Das ist erlaubt, weil die Farbe nach einigen Wochen wieder verblasst. Tätowierungen, die zu einer dauerhaften Veränderung der körperlichen Erscheinung führen und damit Allahs göttliche Schöpfung zerstören, sind im Islam allerdings verboten.

Im Gegensatz zu ihrer Mutter sitzt Fatemeh in unserer Runde, beteiligt sich am Gespräch, freut sich, ihre bescheidenen Englischkenntnisse anwenden zu können, und ist stets zu Scherzen aufgelegt. Für das größte Gelächter ist Thorben zuständig, denn als der köchelnde schwarze Tee aus dem Ablasshahn des kunstvoll verzierten *Samowars,*

einem traditionellen Wasserkocher, gezapft und serviert wird, nimmt er einen großen Zuckerbrocken aus der Schale vom Tablett und wirft diesen in seine Tasse. Als auch Hasan sich beruhigt hat, steckt er sich einen Brocken in den Mund und trinkt. Sein Blick fällt auf mich und er bedeutet mir, es ihm nachzumachen. Das Stück ist zu groß, um es zu schlucken, und ich beiße stattdessen davon ab. Das war auch wieder falsch. Diesmal fließen sogar Tränen vor Lachen. Dabei ist es doch ganz einfach, wenn man es mal verstanden hat: Ein Stück *Ghand* wird zwischen die Vorderzähne geklemmt, der ungesüßte Tee durchgesogen, bis es sich aufgelöst hat.

Deutsche Zahnärzte würden bei diesem Anblick wohl die Hände über dem Kopf zusammenschlagen. Und als ob das nicht schon süß genug wäre, ermutigt uns Fatemeh stets von neuem, wirklich alles von den Köstlichkeiten aufzuessen. Eines ist süßer als das andere und schmeckt noch besser als das vorherige. Dann klingelt Hasans Handy und rettet uns schließlich vor einer

Hyperglykämie. Wir müssen schnell zum Hafen von Bandar e Charak, erhalten dort vor Ort die Tickets für den nächsten Tag und die wohl wichtigste Information überhaupt: Nur wer sich einen Sitz sucht, hat einen sicheren Platz auf dem Boot. Fahrkarte hin oder her. Natürlich werden Thorben und ich noch von Hasan und einigen Familienangehörigen zu Esperanza gefahren und nur zu gerne kommen wir dem Wunsch aller nach, unser Zuhause zu besichtigen. Sogar Fatemeh klettert übermütig hinein und nimmt sofort hinter dem Lenkrad Platz. Alle sind begeistert, können aber nicht verstehen, dass wir wirklich die Nacht im Bus verbringen wollen. Die Einladung zu einem weiteren Essen und das Angebot, in Hasans Haus zu übernachten, lehnen wir dankbar ab, möchten die Gastfreundschaft nicht ausnutzen. Wir bekommen noch Telefonnummern und E-Mail-Adressen zugesteckt und während alle schon im Auto sitzen, deutet Ali auf das Toilettenhäuschen neben unserem Stellplatz und scherzt: *„Here toilet, also feet washing"*, und fährt winkend davon.

Es dauert noch lange, bis wir einschlafen können. Immer wieder wandern unsere Gedanken zu den letzten Stunden zurück. Und wenn wir es nicht selber erlebt hätten, wäre es auch für uns unvorstellbar, was passieren kann, wenn man als Ausländer dem *bösen Iraner* Menschlichkeit, Höflichkeit, ja Respekt entgegenbringt, indem man ihn überholen lässt. In keinem Land zuvor habe ich so viel Freundlichkeit erlebt wie im Iran. Damit habe ich überhaupt nicht gerechnet. Ob im Restaurant oder beim Einkaufen, besonders aber auf der Straße – ständig erkundigt man sich nach unserem Befinden, dem Woher und

Wohin und fragt, wie wir über das Land denken. Immer wieder sagt man uns, wir sollten in Deutschland über den Iran reden, erzählen, wie traurig die Einheimischen über ihr negatives Image seien. Sie seien keine Terroristen, sie liebten Amerika und Europa und freuten sich über Besucher. Ja, ich werde es weitergeben und in die Welt hinaustragen – mit ganzer Überzeugung, aus tiefstem Herzen und voller Dankbarkeit für diese selbstlose, tolerante und zuvorkommende Menschlichkeit.

Ich komme mir vor wie ein typischer, deutscher Pauschaltourist, der morgens um sieben Uhr die Liege am Pool mit seinem Handtuch belegt, danach gemächlich frühstückt, am Stand spaziert und vier Stunden später wieder an seinem reservierten Platz auftaucht. In unserem Fall sind es in Plastik eingeschweißte Stühle – wie im Iran selbst in den Autos geläufig, um das Polster zu schonen – auf dem Schnellboot über den Persischen Golf nach Kish, eingequetscht zwischen Unmengen an Gepäck und iranischen Urlaubern, die wegen der lockeren Sitten nur mit einer Sondergenehmigung auf die Insel reisen dürfen. Dreißig Kilometer trennen das Festland von der Insel – und dazwischen liegen Welten, verspricht mein Reiseführer. Wir sind gespannt.

Im Emigration-Office weist uns der Beamte darauf hin, dass unser Visum statt der dreißig beantragten nur sechzehn Tage gilt. Als unsere Panikattacke abgeflaut ist, funktioniert auch das Rechnen wieder. Fünf Tage sind noch übrig, um das Land zu verlassen. Der Plan, ein paar Tage auf Kish abzuhängen und Kraft zu schöpfen für die weitere Etappe, geht also leider nicht auf. Ein Taxi bringt uns zum billigsten Hotel in Strandnähe, das sich als totaler Reinfall herausstellt. 260 arabische Dirham, umgerechnet 70 Dollar, für eine Nacht ist kein Schnäppchen. Aber die Zimmer entsprechen der niedrigen Klassifizierung: Das Türschloss ist defekt, es stinkt nach Schimmel und die Fenster sind zugenietet. Auch die langersehnte Dusche ist kein Wellnesstempel mit ihrem braunen, kalten Wasser. Dann waschen wir uns eben im Meer, schalten die Klimaanlage an und hoffen, damit den Geruch zu vertreiben.

Das Wetter ist herausragend, wie man es sich für einen Badetag wünscht. Das türkisfarbene Wasser ist so klar, dass man die farbenprächtigen Fische auch in tieferen Gefilden beobachten kann, und lockt uns, einfach hineinzuspringen. Einziger Nachteil: Der private, abgetrennte Strand, an dem westliche Touristen gegen Bezahlung gemischt baden konnten, ist zwischenzeitlich wieder geschlossen worden. Es existieren nur noch getrennte Strände. Nun stehen wir am Männerstrand. Der Bereich, an dem Frauen baden dürfen, ist kilometerweit an der Nordseite der Insel entfernt, vor neugierigen Blicken hinter einem hohen Wellblechzaun verborgen. Stundenlang durch die Hitze zu marschieren, um dann alleine und bekleidet schwimmen zu gehen, darauf habe ich überhaupt keine Lust. So schlendern wir weiter durch den weichen Sand, das erste Mal ohne Händchen zu halten, finden das Dive-Center und müssen endgültig feststellen, dass Kish nicht das ist, was uns versprochen wurde oder was wir uns davon versprochen haben. Um acht Uhr findet das Frauentauchen statt, drei Stunden später dürfen die Männer in die Tiefe gleiten. Selbst zu einigen der schönsten Schnorchelspots haben Frauen keinen Zutritt. Mir hätte es damals in Tabriz am Flughafen schon dämmern sollen, als ich mir wegen der Zensur im Internet einen Spaß daraus machte, sämtliche verbotene Begriffe zu suchen. Dazu zählt auch der Bikini.

Die weitläufige Strandpromenade gaukelt uns vor, in einem westlichen, modernen Land zu sein. Die schicken Restaurants sind gefüllt mit fröhlichen Menschen, aus den Lautsprechern schallt westliche Popmusik. Aber es darf nicht getanzt werden. Wir beobachten das Treiben und entdecken einige Frauen vom Schnellboot, und im Gegensatz zu Thorben und mir scheint der Aufenthalt für sie eine Offenbarung zu sein. Sie scheinen von Minute zu Minute aufzublühen, wirken glücklicher und gelöster. Es ist nicht nur Urlaub für sie, sondern vielmehr ein Loslösen von den Fesseln des Alltags. Angelegt von alten, erzkonservativen Männern, die den Schah mit seiner Idee, den Iran nach europäischem Muster zu reformieren, stürzten. Eine schwarze Reaktion auf die weiße Revolution. Jetzt tragen sie offene Schuhe ohne Socken, die Kopftücher werden durch locker um den Kopf geschwungene Schals

ersetzt und sie dürfen Wasserpfeife rauchen. Die Gesetze auf Kish sind entspannter und toleranter, wobei auch hier die öffentliche Freude strenge Grenzen hat. Für iranische Verhältnisse macht das einen spürbaren Unterschied aus, nur eben nicht für Ausländer. Was für uns normal ist, gilt nicht automatisch für jedermann. Wie sehr doch äußere Einflüsse wie Religion, Staatsangehörigkeit und Traditionen das Leben definieren können. Ich kann zuhause tun, worauf ich Lust habe. In diesem Moment schätze ich das deutsche System ganz gewaltig und daher stimmt mich trotz der Einschränkungen der sogenannte Sonderstatus hier auf Kish wieder milde.

Ein großes Master-und-Visacard-Plakat erregt unsere Aufmerksamkeit und wie magisch angezogen stehen wir wenig später davor. Leider ist das Geschäft geschlossen, selbst nach einer Stunde erscheint niemand. Wir probieren unser Glück in den unzähligen weiteren noblen Geschäften, die uns leider auch nicht weiterhelfen können. Erneut verfluche ich meinen Reiseführer, der Kish als Urlaubsparadies und einziges großes Einkaufserlebnis anpreist, bis die Kreditkarte glüht. So ist spätestens jetzt beschlossene Sache, dass es morgen schon wieder zurück auf das Festland geht. Resigniert kaufen wir ein billiges Sandwich, alles ist um Welten teurer als auf dem Festland, kauen lustlos darauf herum und landen schließlich wieder in unserem Hotel.

Es ist sieben Uhr und der Wecker klingelt. Statt wie gewohnt schlaftrunken noch einmal auf Schlummern zu drücken, stehen wir bereits fünf Minuten später freudestrahlend an der Rezeption und wollen auschecken. Weg von dieser Insel.

Ein Blick auf den Kalender verrät mir, dass heute der 28.08.1389 ist. Der gregorianische Kalender spielt im Iran keine Rolle. An Jesus hat hier niemand Interesse. Stattdessen gilt die Auswanderung Mohammeds von Mekka nach Medina als Beginn der Zeitrechnung. Doch im Iran ticken die Uhren in vielerlei Hinsicht anders. Anderthalb Stunden Zeitverschiebung zu Europa, das Wochenende ist Donnerstag und Freitag.

Was mich gerade noch schmunzeln lässt, holt uns Sekunden später in die Wirklichkeit zurück. „140 Dollar oder 500 Dirham Nachzahlung, sonst gibt es die Pässe nicht zurück." Das haben wir trotz der Sprachbarriere verstanden – aber Zimmerbuchungen von *7 am to 7 pm* und von *7 pm to 7 am* – 70 Dollar für zwölf Stunden, gehen nicht in unsere Köpfe. Abzüglich der Überfahrt und eines Notgroschens bis nach Pakistan würden uns umgerechnet fünfzehn Euro übrig bleiben. Die Dame bleibt hart und gibt sich uninteressiert. Die Not lässt mich laut werden und es ist mir in diesem Moment egal, ob ich damit mein Gesicht verliere: Ich drohe aus meinem deutschen Reflex heraus mit der Polizei. Direkt in dem Moment, als die Worte meinen Mund verlassen, fällt mir ein, dass die unterschiedlichen Gesetzeshüter für Sicherheit, Sitte, Verkehr und Geheimdienst wohl kaum als Freund und Helfer angesehen werden. Ich hänge ein entschuldigendes

Lächeln hintenan und sehe, wie zwei kleine rote Büchlein mit dem goldenen Reichsadler erscheinen und den Besitzer wechseln.

Wo sich das Kassenhäuschen am Hafen befindet, können wir nur im Ansatz erahnen. Inmitten einer aufgebrachten Menschentraube steht ein kleiner weißer Container mit einem winzigen Fenster. Dahinter sitzt ein Mann, der mit allen Wartenden gleichzeitig zu diskutieren scheint. Der Fahrplan ist nur auf Farsi geschrieben und allein mit Zahlenkenntnissen kommen wir hier nicht weiter. Ein Durchkommen zum Schalter ist undenkbar und da wir kein Wort verstehen, der Tonfall und die Lautstärke nichts Gutes verheißen und nach Eskalation klingen, scheint es die beste Lösung zu sein, sich aus der prallen Sonne neben einen kleinen verdörrten, schattenwerfenden Busch zu verziehen, zu beobachten und abzuwarten. Prompt löst sich der ganze Tumult schlagartig auf, als es dem aufgebrachten Kassierer zu bunt wird, seine Hand das Ende des Rollgitters ergreift und es Sekunden später laut auf den Tresen knallen lässt. „Es scheint, als fährt heut kein Schiff mehr", sage ich zu Thorben und frage ihn, unter welchem Baum wir heute übernachten wollen, so ganz ohne Bargeld. Ich beende den Satz mit den Worten *„Inshallah.* So Allah will", was im Kontext auch *hoffentlich, vielleicht* oder *mal sehen* bedeuten kann. Damit scheine ich das Schicksal herausgefordert zu haben, denn wie aus dem Nichts erscheint vor uns ein junger Mann mit dunklen, ernsten Augen, dessen beachtlicher, aber gepflegter Vollbart ein freundliches Lächeln umrahmt.

Schüchtern streckt er Thorben seine Hand entgegen. Die Verzweiflung stand uns wohl ins Gesicht geschrieben, denn nachdem er sich vorgestellt hat, bittet er, uns helfen zu dürfen. Wie Kevan es geschafft hat, ist uns immer noch ein Rätsel, aber nachdem er uns den Rücken zugekehrt hat und schnurstracks auf das geschlossene Fenster zugelaufen ist, das sich wie von Geisterhand zu öffnen schien, kommt er auch schon freudestrahlend mit zwei Tickets für einen anderen Hafen auf dem Festland zurück. Als wir vier Stunden später gemeinsam über die kurze Wasserpassage schaukeln, erzählt er von seiner Arbeit auf Kish. Jetzt ist er auf dem Weg zurück in sein Heimatdorf nahe der irakischen Grenze. Er freut sich sehr auf seine Familie, die er trotz seiner siebzehn Jahre viele Monate nicht mehr gesehen hat. Seine dunklen Augen beginnen zu leuchten, als wir von unserem Vorhaben, auf dem Landweg nach Indien zu reisen, berichten. Nur zu gerne würde er mit uns tauschen, bewundert unsere Freiheit, die für ihn fast unvorstellbar ist.

Und wieder werde ich mir des Privilegs bewusst, Träume in die Wirklichkeit umsetzen zu können, da wir nicht am falschen Ort auf die Welt gekommen sind. Noch nie zuvor war ich so dankbar dafür, in eine solch offene

Gesellschaft hineingeboren zu sein, die mich entlässt, wieder aufnimmt und in schwierigen Zeiten sogar auffängt. In Kevan schlummert die gleiche Sehnsucht. Aber erst muss er den Militärdienst ableisten, um überhaupt einen iranischen Pass ausgestellt zu bekommen, der in der Welt nicht viel wert ist, im internationalen Vergleich sogar weit abgeschlagen zurückliegt. Und dann ist da noch sein Vater. Als Familienoberhaupt kann nur er die Erlaubnis erteilen. Sein Wort ist Gesetz und ohne seine Zustimmung darf Kevan nirgendwo hinfahren. Ob er wohl ewig vom Reisen träumen wird?

Zurück auf dem Festland stürmen alle Passagiere von Bord in Richtung Hauptstraße. Kevan kennt das zur Genüge, schultert sein Gepäck, fordert uns auf, es ihm gleichzutun, und rennt los. Kurz darauf verstehen wir den Grund zur Eile. Der Bus ist bereits voll, alle Taxis sind besetzt und Bandar e Charak kilometerweit entfernt. Dass wir einmal im Iran den Daumen raushalten und trampen würden, hätte ich mir auch nie träumen lassen. Die Strecke ist kaum befahren, und doch, nur wenige Minuten später, hält ein Auto und nimmt uns mit nach Bandar e Charak zu unserer Esperanza.

Thorben und Kevan sitzen vorne, unterhalten sich und hören Musik, ich liege hinten auf der Sitzbank und lausche den besorgniserregenden Geräuschen, die unser alter Bus die nächsten Stunden, durchgerüttelt von der notdürftig geflickten Asphaltstraße, von sich gibt. Wir fahren durch eine Geröllwüste, immer der Sonne entgegen.

Mit Einbruch der Dunkelheit erreichen wir Bandar Abbas. Gelegen am Persischen Golf zeigt sich die Stadt mit ungewohnt moderner Architektur. Wir erblicken Hochhäuser, deren verspiegelte Fassaden sich auf der glitzernden Wasseroberfläche abzeichnen. Die Straßenlaternen tauchen die Uferpromenade in ein warmes, weiches Licht. Jugendliche rauchen Marihuana, Liebespaare verschwinden in der Dunkelheit. Alles, was bei Tageslicht unmöglich ist, wird nachts wahr. Kleine hölzerne Pavillons säumen den Straßenrand, Treffpunkt für junge Menschen, die gemeinsam singen und musizieren. Es herrscht eine Atmosphäre fröhlicher Gelassenheit, die ansteckend wirkt.

Wir steuern einen weitläufigen Parkplatz an. Überall sind Zelte aufgebaut, und mittendrin steht nun ein deutscher Kleinbus mit einem Vorzelt am Hinterteil. Kevan wollte am Strand schlafen, stattdessen ist er nun unser Gast. In unmittelbarer Nähe zu Dubai, den Vereinigten Arabischen Emiraten, dem Oman und den zollfreien vorgelagerten iranischen Inseln floriert in Bandar Abbas, Irans größtem Hafen, der Schmuggel. Jede Nacht erreichen Elektronikartikel, Zigaretten, Kosmetik und Medikamente das Festland und werden in die wartenden PKWs umgeladen. Da Esperanza unser Zuhause ist und Kevan das Vorzelt zum Wohnbereich zählt, zieht er seine Schuhe aus, steigt durch den schmalen Eingang der Stoffplane und breitet Thorbens Schlafsack auf dem blanken Asphalt im Innenraum aus.

Schon am frühen Morgen klopft es an der Tür. Kevan muss zum Busbahnhof. Sein Weg nach Hause ist weit und wird noch viele Tage dauern. Wie gerne möchte ich unseren Freund umarmen und auf Wiedersehen sagen, aber ich darf ihn nicht berühren. So kann ich meine Dankbarkeit nur in Worten und mit einem Lächeln zum Ausdruck bringen. Das muss leider ausreichen. Wir verabschieden uns mit den Worten *„Khoda hafez!"* und sind heute noch befreundet. Wir schreiben uns über Facebook. Mit gekonnten Einstellungen wird das Verbot sozialer Netzwerke umgangen, bei Sperren finden sich immer wieder neue Wege. Langsam kann ich verstehen, warum die meisten Häuser und Wohnungen nicht einsehbar sind und Vorhänge und Rollläden die Sicht versperren.

Uns zieht es wieder gen Osten, in Richtung der Landesgrenze zu Pakistan. In zwei Tagen legen wir eine unglaubliche Distanz zurück. Hunderte Kilometer, die auf der Karte betrachtet nur ein winziges Stück ausmachen, uns aber noch einmal verdeutlichen, wie riesig dieses Land ist. Mehr als die Hälfte des iranischen Staatsgebietes ist für die landwirtschaftliche Nutzung ungeeignet, in der Provinz Kerman schmiegen sich Felder in die Landschaft, auf denen je nach Jahreszeit Melonen, Zuckerrüben, aber auch Weizen und Gerste angebaut werden.

Die alte Handelsstadt Kerman liegt auf einer Anhöhe am südlichen Rand der Wüste Lut und empfängt uns mit dichtem Verkehr. Kaum zu glauben, dass wir tatsächlich am vereinbarten Tag ankommen, um Dany, Markus und Andy zu treffen. Gerade geht mir der Gedanke durch den Kopf, dass unsere alte Dame schon lange keine Probleme

mehr gemacht hat, und prompt überhitzt die Kupplung und Kühlwasser läuft aus, breitet sich in einer immer größer werdenden Pfütze zwischen den Vorderreifen aus.

Die Schrauberbuden reihen sich wie Perlen an einer Schnur auf dem Weg ins Zentrum. Hinterhofwerkstätten und Teile-Shops an der ganzen Straße, es gibt nichts anderes außer die Branche Auto, Motorrad und LKW. Nach kurzer Ratlosigkeit stellen die Schrauber eine defekte Wasserpumpe fest, sichern uns in fünf Tagen eine Lieferung aus Kuwait oder Dubai zu und empfehlen, anschließend wieder kehrtzumachen: „Das ist keine gute Idee, nach Pakistan zu fahren. Dort ist es nicht sicher, die sind doch alle Terroristen."

Einen Händler, der die passenden Teile führt, gibt es nicht und eine Lieferung aus Deutschland ist wegen der verhängten Wirtschaftssanktionen unmöglich. Fernab der Heimat empfiehlt es sich, einfach mal kommentar- und reglos zu verharren, anstatt das Wort für bare Münze zu nehmen, und meist erledigt sich das Problem von alleine. Einer der Mechaniker lotst uns in ein anderes Viertel, wo sofort mit der Reparatur angefangen wird. Letztendlich sind es zwei abgerissene Schrauben. Während ich Wäsche wasche und später im Staub sitze und mir die Zeit mit Lesen vertreibe, Thorben mit dem Sohn des Chefs zwischen dem Schrott Fußball spielt, rollt der Schweizer Bus auf den von hohen rohen Mauern umzäunten Hof. Wie erwartet sind die Jungs gut gelaunt, ein wenig durch den Wind und bereit für die Weiterreise.

Wie gerne Thorben und ich auch unsere Zeit miteinander verbringen, eine Partnerschaft bedeutet für uns nicht, zu einem Ganzen zu verschmelzen, sondern zwei zu bleiben. Unsere Kunst zu lieben ist, den Weg gemeinsam zu gehen, eine eigene innere Freude zu finden, die wir aber in unsere Beziehung einfügen. Und da kann etwas Abwechslung durch andere Menschen sicher nicht schaden. Wir freuen uns auf die geselligen Tage.

Haben wir bis dato kleine Dörfer erreicht, erregten wir oft großes Aufsehen, kamen uns vor wie Außerirdische, die mit ihren unbekannten Flugobjekten auf einem fremden Planeten stranden. In einer Karawane unterwegs ist uns wirklich die gesamte Aufmerksamkeit gewiss und es sorgt noch mehr für Gesprächsstoff, wenn ich als Frau mit vier Männern in einem Fahrzeug verschwinde.

Es ist einfach schön, gemeinsam zu kochen, abends zusammenzusitzen und Karten zu spielen, uns gegenseitig eine Hilfe zu sein, organisieren, reparieren oder auch, was eigentlich am wichtigsten ist, einander etwas für das Leben mitzugeben. Manchmal rücken wir die Jungs etwas zurecht, damit sie sich nicht komplett gehen lassen, und wecken sie vor dem Mittag, weil sie sonst den ganzen Tag verschlafen würden. Im Gegenzug helfen sie uns, etwas lockerer zu werden und alles mit mehr Humor zu nehmen.

Das iranische Hochland zieht sich auf 1500 Metern über dem Meeresspiegel von der türkisch-armenischen Grenze in einem weiten Bogen bis nach Pakistan. Als kleine Kolonne verlassen wir Kerman und fahren entlang der letzten Ausläufer des Kuhrud-Gebirges zu unserer Linken, dessen weiße Gipfel bis zu 4000 Meter hoch in den Himmel ragen. Nach Nordosten fällt das Plateau steil zu einer Senke ab, hinein in die Wüste Lut, die dank der regenabschirmenden Gebirge zu den trockensten und heißesten Orten der Erde gehört. Mithilfe von Satelliten wurden hier die weltweit höchsten Werte gemessen. Über siebzig Grad Bodentemperatur, was einer Lufttemperatur von etwa 58 Grad entspricht. Um uns herum ist nur noch Steppe und Sandwüste, die einen ganz besonderen Reiz hat und von der UNESCO auf die Liste der Naturerbe genommen wurde.

In den Oasen gedeihen Datteln, Feigen, Trauben, Orangen, Pistazien und schwarzer Kümmel. Die Häuser bestehen hauptsächlich aus sonnengetrockneten, ungebrannten Lehmziegeln, die Ende 2003 rund 30.000

Menschen das Leben kosteten. Ein verheerendes Erdbeben, das bis dato schwerwiegendste in der Geschichte des Iran, zerstörte in nur zwölf Sekunden sechzig Prozent der nicht den Vorgaben des Erdbebenschutzes erbauten Stadt. Trümmer verschütteten viele Menschen, das Beben überraschte sie im Schlaf. Das Stadtbild, bestehend aus kleinen und mittelgroßen Häusern, ist noch von den Schäden gezeichnet, aber man erkennt zusätzlich die Sicherheitsvorkehrungen der Neubauten, die oft unverputzt sind und mit den querliegenden Stahlträgern, Balken, Netzen und Metallklammern ihre notwendige Stabilität zur Schau stellen. Die Bilder von damals aus dem Fernsehen kommen immer wieder hoch, lenken uns vom Verkehr ab – und wir landen in einer Einbahnstraße und schließlich in der Fußgängerzone. Es wird enger, wir reißen uns den letzten Rest der Lüftungsschächte ab, zwischen den Laternen hängen kreuz und quer tückische Strom- und Telefonkabel. Vereinzelt muss ich auf das Dach von Esperanza klettern, die Leitungen bei Schritt-Tempo über die Dachkisten heben und hoffen, dass sie nicht an unserer Dachluke hängen bleiben. Statt einer Strafe bekommen wir von der hiesigen Polizei ein Schmunzeln und eine Wegbeschreibung zur Altstadt.

Die Festung Arg-e Bam war ein beliebtes Ausflugsziel und durfte bereits für zahlreiche iranische sowie einige internationale Kinofilme als Kulisse herhalten. Die Zerstörung überstieg jede Vorstellungskraft, hinterließ die in sich abgeschlossene Festung als einen Schutthaufen. Ihr Wiederaufbau und die Restaurierung dauern nun schon sieben Jahre an und werden noch viele weitere Jahre in

Anspruch nehmen. Wir sehen Planer und Vermesser mit ihren Geräten und Bauarbeiter, die mit Lehm und Stroh die Wände verputzen und an verschiedenen Gebäuden Zugange sind. An vielen Stellen sind Baugerüste aufgestellt, Teile der Stadtmauer mit ihren Toren, die Moschee und Teile des Basars sind wiederaufgebaut. Andere Gebäude und Fassaden wurden in dem Zustand, in dem sie das Erdbeben hinterlassen hat, gesichert und konserviert. So hat man eine Vorstellung von der Gewalt des Bebens und den Schäden, die es angerichtet hat. Wie wunderbar muss es vor dem Beben gewesen sein, sich hinter den engen Eingangstoren, vorbei am Basar, der Moschee, einer Karawanserei und Ställen im Labyrinth des größten Lehmbaus der Welt zu verlieren.

Ab hier beginnt die gefährlichste Strecke im Iran. Es herrschen Kleinkriege zwischen den Schmugglern und der Polizei und es ist nicht ratsam, sich nachts draußen aufzuhalten. Freies Übernachten ist nicht zu empfehlen und wegen der hohen Militärpräsenz kaum möglich. Viele Überlandreisende stehen in den umzäunten Höfen der Hotels und auch wir bitten heute Nacht um eine Parkmöglichkeit. Doch keiner möchte mit dem Schutz von Touristen etwas zu tun haben und wir werden an die Polizei weitergereicht, die keine Hundert Meter entfernt stationiert ist. Zwei der Beamten steigen sogleich auf ihr Motorrad und führen uns an das andere Ende der Stadt zu einem Wachposten. Nur stellt sich bei mir kein Gefühl der Sicherheit ein. Die beiden fahren extrem langsam und in Schlangenlinien, sie wirken nicht nüchtern – und tatsächlich, als wir auf der Bordsteinkante unter dem Lichtkegel einer Laterne neben einem Container parken, dürfen wir an einem Klumpen Haschisch schnuppern und bekommen die Einladung, nach Dienstschluss mit ihnen einen Feierabendjoint zu rauchen.

380 Kilometer liegen noch vor uns. Esperanzas Anlasser stoppt abrupt seine Drehbewegung beim Starten und auch leichte Hammerschläge darauf helfen nicht, den Motor zum Laufen zu bringen. Aus heiterem Himmel, ohne jegliche Vorankündigung, hat sich dieses wichtige Teil verabschiedet, aber zum Glück sind wir nicht alleine: Markus, Dany und Andy stehen bereits hinter unserem Bus, sind bereit zum Anschieben.

Unsere Begegnung war eine glückliche Fügung und die Entscheidung, im Konvoi zu fahren, eine sehr weise. Lucy und Esperanza rollen bis zur Tankstelle am Ortsausgang. Benzin ist im Grenzgebiet Mangel- und Schmuggelware, weil es in Pakistan teuer verkauft wird. Wir füllen daher die Tanks und Wasserkanister randvoll. An einem kleinen Stand am Straßenrand decken wir uns für die letzten Rials mit Gemüse ein und fahren zügig weiter

Richtung pakistanischer Grenze. Dabei lassen wir das grüne Band aus Hunderten Palmen und Gärten mit Zitrusfrüchten, das sich um die Stadt in der Wüste zieht, hinter uns.

Der Asphalt ist wellig. Um möglichst heil darüber zu kommen, fährt man entweder sehr langsam und wird seekrank oder gibt richtig Gas. Thorben drückt das Pedal bis zum Anschlag durch, wir fliegen darüber hinweg und es macht richtig Spaß. Der Verkehr tendiert fast gegen Null, uns begegnet nur hier und da ein Spritlaster. Erste Kamelkarawanen, die mit erhobenen Köpfen durch den Sand schaukeln und uns mit ihren dunklen Augen verwundert ansehen, bieten die einzige Abwechslung in der Monotonie dieser Gegend. Die Wüste ist flach und wird begrenzt durch einzelne niedrige Bergketten. Hier und da ragen dürre Kamelgrasbüschel aus dem trockenen heißen Boden. Sonst ist es leer. Auf einer Fläche halb so groß wie Deutschland breitet sie sich aus, ohne Vegetation, ohne Menschen oder Ansiedlungen. Aber wer will oder kann hier schon leben? In einer der lebensfeind-

lichsten Gegenden überhaupt? Es gibt nur Staub und Sand, der sich in unseren Haaren, zwischen den Zähnen und zentimeterdick auf dem Armaturenbrett ansammelt. Um den Tacho ablesen zu können, wischt Thorben ständig mit dem Finger einen schmalen Streifen frei.

Hinter Zahedan, das heißt, je mehr wir uns der Grenze zu Afghanistan und Pakistan nähern, nimmt das Aufkommen an Polizei und Militär zu. Bei den verschiedenen Kontrollen hat man uns mehrfach nach unserer Route gefragt, und mittlerweile sind wir davon überzeugt, angemeldet zu sein und durchgereicht zu werden. Touristen gibt es hier in der Gegend so gut wie nie. Man will kein Risiko eingehen und ist froh, wenn wir durch den Distrikt durch sind. *„Tourist? Need escort?"*, fragt uns ein Polizist in gebrochenem Englisch durch das Fahrerfenster. *„Do we really need police escort?"*, antwortet Thorben. Nach einigen *„Yes, no, yes, maybe, we ask, no"* werden wir – die Dunkelheit ist mittlerweile hereingebrochen – ohne Eskorte weitergeschickt. Nach 85 Kilometern ist es geschafft. In Mirjaveh begrüßen uns ein hupendes Auto und dessen wild gestikulierender Fahrer, der uns auffordert, sofort anzuhalten. *„Where is your escort???"* Sichtlich geschockt, uns ohne Schutz vorzufinden, zeigt er in alle Himmelsrichtungen und macht uns klar, dass es nur so von Kalaschnikows wimmelt. Dass er von der Polizei ist, glauben wir einfach und folgen ihm. Tatsächlich führt er uns zu einem Hotel und übergibt uns einem im parkenden Wagen wartenden Polizisten. Wir zahlen zehn Dollar und erhalten Schutz und einen Stellplatz für die Nacht. Die Jungs machen Gemüse, ich koche Nudeln und Soße. Beim gemeinsamen Essen besprechen wir den nächsten Tag und fallen, nachdem ich den Staub der Wüste von unserem Bett gekehrt habe, müde hinein.

Pünktlich mit der aufgehenden Sonne erscheint die Polizei zur Eskorte, steigt bei den Schweizer Jungs ein, und wir folgen ihnen zur Grenze. Jetzt ist definitiv Schluss mit freiem Reisen. Der Aufpasser macht das anscheinend zum ersten Mal. Vollkommen planlos, wo er mit uns hinsoll, landen wir bei den Bussen, dann in einer Sackgasse und folgen ihm von Häuschen zu Häuschen. Erst dank der Hilfe eines netten alten Mannes finden wir die Immigration, um die Pässe abstempeln zu lassen. Ich habe die ganze Zeit schon seine Blicke bemerkt. Nicht zu mir, nicht zu unserem Geldbeutel. Einfache Kugelschreiber wecken sein Interesse. Nur zu gerne schenke ich ihm zwei davon, ernte ein breites Lächeln, steige wieder in den Bus und wir fahren die letzten Meter auf iranischem Boden.

Nach fast drei Wochen in diesem Land kann ich meinem Reiseführer bezüglich der real existierenden Sicherheitslage für Touristen tatsächlich recht geben: Ich habe mich selten in einem fremden Land auf Anhieb so wohl gefühlt. Und jeder, der hier war, kann das mit Sicherheit bestätigen.

Pakistan

Esperanza rollt durch ein altes verrostetes Tor und reist zweitausend Jahre zurück in der Zeit. Wir sind mitten im Nichts, umgeben von einer kleinen Ansiedlung aus Bretterverschlägen, Lehmhütten, Wüste, Staub und Wind. Taftan ist der einzige offizielle Grenzübergang zwischen dem Iran und Pakistan. Die Menschen, ausschließlich Männer, tragen den *Salwar-Kameez*: weite Pumphosen und ein langärmeliges Hemd, das bis zu den Knien reicht, Ton in Ton abgestimmt, und um den Hals ein Tuch gewickelt, das gleichzeitig als Kopfbedeckung oder Gesichtsschutz genutzt wird.

Die ersten Geldwechsler drängen sich auf, doch ich wimmele sie trotz des guten Kurses ab. Ich bin noch vom letzten Mal bedient, sehe in jedem einen potenziellen Betrüger und möchte ungern unsere eisernen Geldreserven aus dem Versteck aufs Spiel setzen. Das Grenzbüro müssen wir suchen und finden es in einer beigefarbenen Baracke, abgestimmt auf die Umgebung. Das Inventar im Inneren erinnert schon eher an das 21. Jahrhundert. Unsere Daten werden in einen Computer eingetragen, eine Webcam nimmt ein Foto von uns auf, das für die Akten vorgesehen ist – oder doch für die Vermisstenanzeige? Der Einreisestempel landet im Pass und wir betreten Terrorgebiet.

Landesweit erhöhte Gefahr für Anschläge seitens der Taliban und deren verbundenen Gruppen, insbesondere Sprengstoffanschläge und Selbstmordattentate. Gefahr besteht insbesondere durch Freiheitskämpfer und radikale Gruppierungen, die sich vor allem gegen Streitkräfte und Polizei sowie gegen religiöse Stätten richten. Die Reise- und Sicherheitshinweise des

Auswärtigen Amtes führen eher zu der Entscheidung, nicht nach Pakistan zu reisen.

Der regionale Schwerpunkt der Warnungen liegt im Norden des Landes, doch auch unsere Route durch Belutschistan entlang der afghanischen Grenze gehört dazu. Vor uns liegen sechshundert Kilometer reelle Gefahr. Dessen sind wir uns bewusst, haben das Für und Wider abgewägt, uns gegenseitig Mut gemacht. Schließlich sind schon vor uns viele andere Lebensmüde durch Pakistan nach Indien gefahren und heil angekommen. Und es ist ein schöner Nebeneffekt bei Überlandreisen. Wir kommen in Länder, die wir sonst vermutlich nie bereist hätten. Wenn alles gut geht, sind wir in zwei Tagen durch und werden für die nun folgende Strecke große Menschenansammlungen und politische Demonstrationen in den Städten meiden und uns am Freitag von religiösen Stätten, Prozessionen und Feierlichkeiten fernhalten.

Das Zollgebäude liegt weitab der Grenze mitten in dem Dorf. Durch die offene Tür dringt etwas Licht in das dunkle Büro des diensthabenden Kommandanten und es wirbelt jede Menge Staub und Sand auf, als wir hereintreten. Wir nehmen vor mehreren zusammengestellten Schreibtischen Platz und blicken auf ein Gemälde aus dem Schwarzwald. Direkt darunter hängt eine Uhr mit dem Maggi-Schriftzug und schlägt im Takt mit dem gleichmäßigen Blättern des Beamten. Die rissige Wand hinter dem Mann wird von einem schiefen Metallregal verdeckt, das vollgestopft mit DIN-A3-großen, mit einer feinen Staubschicht überzogenen dicken Büchern ist und unter deren

Last fast zusammenzubrechen scheint. In genau so einem findet er endlich den letzten Eintrag und setzt darunter unsere Daten. Die gesamte Registration von Menschen und Fahrzeugen wird noch akribisch per Hand eingetragen. Unvorstellbar in der heutigen Zeit, aber es scheint zu funktionieren. Thorben und ich setzen auf das vergilbte Papier eine Unterschrift in die letzte Spalte der Zeile und der Mann schließt das in Leder gebundene Buch mit einem lauten Knall. Er lächelt, schüttelt uns die Hand und beendet die Formalitäten mit den Worten *„Welcome to Pakistan"*. Statt uns zu verabschieden und aus dem Büro zu weisen, bittet er, wieder Platz zu nehmen, und serviert uns auf einem silbernen Tablett kleine Gläser, eine Kanne Tee und Kekse. Keine hochoffizielle, sondern eine private Einladung – eine Geste, die nicht gering geschätzt werden sollte, sondern als höchste Ehre gilt. In Pakistan ist der Gast Gott. Chai, so wird Tee auf *Urdu* genannt, ist das meist verzehrte Getränk im Land. Von Region zu Region sind die Vorlieben anders, und bereits hier, ganz im Westen von Pakistan, wurde die Tradition stark durch die britischen Kolonialherren geprägt: schwarzer Tee mit rahmiger Milch und Gewürzen. Nicht nur aufgrund des Getränkes durchströmt mich Wärme. Tatsächlich beginnt die Gastfreundschaft bereits am Schlagbaum. Warum verliert nie jemand in den Medien etwas Gutes über dieses Land? Lächelnd werden wir nach unseren Berufen gefragt, ob wir Kinder hätten und natürlich nach der Reise. Staunend lauscht der Kommandant Thorbens und meinen Worten und wir hängen wie gebannt an seinen Lippen, als er in feinstem Oxford-Englisch inklusive lustigem Akzent des indischen Subkontinents zu erzählen beginnt und uns auf sein Land einstimmt. Wir sprechen über den Alltag, Familie, Frauen und Kinder. Und über den Terror. Beides liegt hier nah beieinander. Belutschistan ist eine Region, die seit Jahrzehnten von Unruhen, Rebellion, Unabhängigkeitsbewegung und Terrorismus gezeichnet ist. „Ja, hier kommt es zu Entführungen und tödlichen Angriffen. Aber, ihr braucht euch nicht zu sorgen", sagt er und übermittelt uns ein gutes Gefühl. Wie gerufen erscheint ein schwer bewaffneter Mann auf der Türschwelle und nimmt uns in seine Obhut. Statt mit einer Uniform ist er traditionell gekleidet und nur ein Schriftzug auf der Brust verrät seine Einheit: *Pakistan Levies Taftan* – eine paramilitärische Einheit, bestehend aus einheimischen Wehrpflichtigen, Offizieren, Soldaten und Polizisten. Entlang der einzigen vorhandenen Verbindungsstraße zwischen Taftan und Quetta wird diese kostenlose Eskorte bereitgestellt, die an den unzähligen Check-Points ausgewechselt wird. So sitzen wir also nun zu dritt im Fahrerhaus. Thorben am Steuer, ich in

der Mitte und neben mir ein alter Mann mit einer Kalaschnikow. Dank einer weiteren Hinterlassenschaft der Engländer wechseln wir die Spur und fahren ab sofort links. Kaum etwas anderes bringt einen Autofahrer mehr aus dem Gleichgewicht und befällt ihn mit einem panischen Gefühl, als auf der falschen Seite zu fahren. Markus passiert das gleich mehrmals. Wir hupen, er korrigiert und schwenkt wenig später wieder nach rechts. Wir kommen aus dem Lachen nicht mehr heraus, was auch ganz willkommen ist, denn unser Beschützer spricht kein Englisch und wir natürlich kein *Urdu*.

Viele Überlandreisende schimpfen über die nervigen Insassen. Plötzlich sitzt ein vollkommen fremder, unwillkommener Mensch im Fahrzeug, stört die Privatsphäre, nein, eigentlich den gesamten Reiseablauf, der ab sofort streng nach Plan läuft und nicht dem eigenen Tempo entspricht. Dabei geben sie sich täglich in Gefahr und riskieren im Notfall ihr Leben, nur um Touristen zu beschützen. Thorben und ich sind dankbar für seinen Einsatz und finden es spannend und schön, mit Einheimischen in Kontakt zu treten. Unser Bewacher dient schon lange in dieser Gegend. Seine Haut ist sonnengegerbt, die Augen sind trüb und liegen in tiefen Höhlen. Jede Zelle seines Körpers lässt das harte Leben erahnen. Wir umsorgen ihn liebevoll, teilen unser Essen, unser Trinken und die Zigaretten. Leider sieht mein Nachbar schlecht und weiß auch nicht, wie ein Feuerzeug funktioniert. Ich helfe ihm aus und überlege kurzzeitig, ob er mir nicht im Gegenzug lieber seine Waffe erklären und übergeben sollte. Doch schon taucht in der endlosen grauen Steinwüste ohne sichtbare Vegetation die erste Kontrollstation am Straßenrand auf und er wird ausgetauscht.

Man bittet uns in den kleinen düsteren Unterstand, der von einem Tischchen und drei Plastikstühlen komplett ausgefüllt ist. Wieder öffnet sich ein großes dickes Register und wir tragen Namen, Passnummern, Datum, Kennzeichen und das Herkunftsland ein. Die Straße quer durch Belutschistan ist komplett überwacht und unsere Fahrt bis ins Detail dokumentiert. Falls wir auf dem Weg zum nächsten Check-Point verloren gehen sollten, weiß man, wo wir zuletzt gesehen wurden. Gespannt überfliege ich die Zeilen in den vergilbten Listen, nippe am bereitgestellten Tee und entdecke rund ein Dutzend andere Reisende, die hier auch schon vorbeigekommen sind: Schweizer, Österreicher, Deutsche und Franzosen. Im Schnitt wiederholt sich diese Prozedur nun alle fünfzig Kilometer: Eskortenwechsel, Eintragen, Tee trinken.

Am späten Nachmittag erreicht die Kolonne Nok Kundi, eine kleine Stadt, unmittelbar an die Nationalstraße N-40 angeschlossen. Auf unsere Bitte hin werden wir zur National Bank geleitet, die ebenfalls wie alle anderen Gebäude aus Lehm gebaut ist, und parken hintereinander in der schmalen Gasse. Bedient werden wir direkt auf der Straße, wobei das Geschäft recht kurz verläuft. *„No Money"*, und das war es auch schon. Das Elektrizitätsnetz ist wegen eines Sandsturms lahmgelegt und der Stromausfall hat auch für uns Folgen. Der Computerbildschirm der einzigen Bank weit und breit ist schwarz. Und wir haben schon wieder kein Geld. Weder zum Tanken noch

für eine Handvoll Lebensmittel. Die kurze Dauer unseres Aufenthaltes hat gereicht, um scheinbar das Interesse des gesamten Ortes zu wecken. Um uns herum steht eine Traube von Männern und Kindern, betrachtet die Fremden und ihre Fahrzeuge neugierig. Tatsache ist, dass sie in Nok Kundi nie Ausländer sehen und keine Ahnung haben, was wir hier machen. Besonderes Interesse gilt scheinbar meiner Anwesenheit. Eine Europäerin und auch die einzige Frau weit und breit. Ich komme mir vor wie im Zoo, nur dass ich dieses Mal hinter dem Zaun stehe und ein sehr exotisches Exemplar bin. Hier passiert es mir zum ersten Mal, dass ich zum Fotoobjekt werde, anstatt selbst auf den Auslöser zu drücken.

Das Kopftuch ist keine Pflicht mehr. Die Gesetzgebung ist trotz des hohen muslimischen Bevölkerungsanteils weit liberaler als im Iran. Ich empfinde es aber als unpassend, *oben ohne* vor so viel Testosteron zu stehen, respektiere daher die lokalen kulturellen Erwartungen, würdige alle pakistanischen Frauen, schlinge mein Halstuch um den Kopf und verdecke bis Indien meine Haare wieder.

Die heutige Nacht werden wir sicher hinter den hohen beigen Mauern der Polizeistation zu Füßen des Geschützturmes verbringen. Auch hier freut man sich über die Anwesenheit einer Frau und jeder Polizist hält sein Handy wenige Zentimeter vor mein Gesicht, um ein Foto nach dem anderen zu machen. Mein Retter ist ein Esel. Sein Kopf hängt tief, das Fell ist struppig, die Augen stumpf. An seinem knochigen Körper hängt ein schwer beladener Anhänger mit einem Wassertank und bringt für heute die Wasserration für Nok Kundi. Das kommt mir sehr gelegen und ich entschließe mich spontan dazu, Wäsche zu waschen. Ich fülle mir einige Liter ab und verziehe mich hinter den Bus. Die Leine spanne ich zwischen unsere Fahrzeuge, hänge über den gesamten Hof die nasse Kleidung auf und werde schon wieder umringt. Nun präsentiert mir jeder Beamte stolz sein Gewehr. Zwischen unseren Socken und Unterhosen.

Selbst jetzt im November erreichen die Temperaturen weit über dreißig Grad Celsius. Oft weht ein starker heißer und trockener Wind, der die Sonne bereits am Nachmittag zunehmend hinter einer Wand aus Staub und Sand verschwinden und die Dämmerung früher eintreten lässt. Mit Einbruch der Dunkelheit wird es merklich kühler und die Temperaturen nähern sich dem Gefrierpunkt. Die Wüstennächte sind empfindlich kalt.

Unser Gasvorrat ist aufgebraucht. Wir können weder heizen noch kochen. Gemeinsam sitzen wir im schweizer Bus mit seinen mit orangem Plüsch verkleideten Wänden am großen Tisch, wärmen uns auf, schneiden Gemüse, essen gemeinsam und lassen den Tag Revue passieren.

Noch in der Dunkelheit werden wir aufgeweckt. Die Eskorte kann weitergehen. Mit einem Kaffee in der Hand besteigen wir das Dach der Station, nehmen auf den Sandsäcken Platz und warten noch den Sonnenaufgang ab. Langsam erscheinen die Bergketten im Schwarz der Nacht, beginnen, sich rot zu färben, bekommen goldene Spitzen und geben letztendlich den Blick auf die Sonne frei, die sofort damit beginnt, unsere durchgefrorenen Körper zu wärmen. Herzlich werden wir von der Station verabschiedet, Markus bittet noch um eine Widmung auf seiner Lucy und ehe Thorben und ich uns versehen, schreibt Abdul schon mit einem dicken schwarzen Edding auf Esperanza weiter.

Wir sitzen startklar im Bus, Markus, Dany und Andy stehen wie jeden Morgen hinter Esperanza und schieben an. Ich bewundere die Ausdauer und Gelassenheit der Jungs. Die Levis eilen dazu und helfen mit – doch der Motor bleibt stumm. Wir hängen uns an Lucy, lassen uns die Straße auf und ab ziehen und warten vergebens auf das gewohnte Brummen der alten Dame. Alles, was sie von sich gibt, ist ein altbekanntes Knacken und kurz danach ein Krachen. Wir haben wieder einmal einen Zündverteiler verloren und mit ihm noch eine zerbrochene Zündkappe. Damit bricht die gesamte Sicherheitskette bis Quetta zusammen. Die Jungs sind mit uns gestrandet, aber nehmen es mit viel Humor hin. Thorben und ich steigen in den Polizeijeep um, der in einem mörderischen Tempo zur Hauptstraße jagt und vor der Werkstattmeile halt macht. Ein Unterstand scheint nur auf Zündverteiler spezialisiert zu sein. Der Verkäufer holt einen ganzen

Karton mit den Objekten unserer Begierde aus dem Regal. So sehr die Teile Esperanzas Modell ähneln und so tief Thorben auch gräbt, kein einziges passt. Wir fragen die Polizisten um Rat und kommen auf zwei Lösungen: mit dem öffentlichen Bus fünfhundert Kilometer bis nach Quetta fahren und Ersatzteile kaufen oder einen Abschlepper anfordern. Abdul telefoniert und verspricht uns für morgen Hilfe. Es bleibt viel Zeit für einen Ort, an dem die meisten nur vorbeifahren oder dort lediglich übernachten. Ich koche für alle ein Mittagessen und steige am Nachmittag zusammen mit Dany und Abdul aufs Motorrad und besichtige die Stadt. Neben der Polizeistation gibt es die Post, das Gesundheitszentrum, militärische Einrichtungen und eine Landepiste für Flugzeuge. Das Ortsbild wird bestimmt von staubigen Wegen und Lehmbauten, vor welchen Belutschen mit Krummsäbeln an der Hüfte sitzen und Tee trinken, Ziegen trotten gemächlich umher. Zähneknirschend tausche ich einen Teil der Notdollar in Pakistanische Rial um. Auf dem Basar, der nur aus einer Handvoll Geschäften besteht, findet sich für unsere Gewohnheit nur eine spärliche Auswahl an Essen und den notwendigsten Haushaltsmitteln.

Auf einem schmalen, wackeligen Holztisch liegen grobe Fleischstücke, ledern und von Fliegen befallen, offensichtlich schon seit Stunden der prallen Sonne ausgesetzt. Darüber hängen an schweren Eisenhaken Zungen, Nieren, Lungen und Kutteln. Das ist also die Metzgerei. Auf meine Frage *„Do you also have fresh meat?“* greift der Verkäufer mit einem routinierten Griff in einen Käfig neben der Lehmhütte und fischt ein mageres Huhn heraus. Das Tier flattert noch kurz, bevor es ganz schnell geht. Ein fester Schlag mit dem Holzknüppel auf den Kopf, ein Schnitt durch die Kehle. Kurz darauf ist das Tier ausgeblutet, wird in einen Behälter gesteckt, der an eine Waschtrommel erinnert, und ist nach einigen Umdrehungen federfrei. Ein grausamer, aber ehrlicher Anblick und ein garantiert frisches, keimfreies Abendessen.

Von Abdul gibt es immer noch keine Spur. Er ist losgezogen, um Feuerholz zu besorgen. Nach Einbruch der Dunkelheit kommt Abdul von seinem Streifzug durch die Wüste zurück und legt voller Stolz eine Handvoll trockenes Reisig und Zweige vor unseren Grill. Eine wahre Meisterleistung für einen Ort wie diesen hier. In der Wüste. Die Einladung mitzuessen, schlägt er aus. Er ahnt wohl, dass unter den gegebenen Umständen das Fleisch nicht gar wird. In unsere Decken gewickelt sitzen wir vor den Bussen, die große leere Weite um uns herum. Es ist unglaublich still, selbst der Wind ist ergriffen und schweigt und über uns spannt sich das orientalische Himmelszelt mit einer Mondsichel, die wegen der Nähe zum Äquator flach daliegt, und Millionen funkelnden Sternen.

Seltsam. Sollten wir nicht früh geweckt werden, um weiterzufahren? Vom LKW keine Spur. Am späten Vormittag fragen wir vorsichtig nach und es heißt: *„No LKW!“* Kurz darauf: *„LKW is coming.“* „Ich glaube nicht, dass noch jemand kommt“, sage ich zu Thorben, später füge ich hinzu: „Lass uns noch eine Stunde warten, dann überlegen wir uns etwas anderes.“ Ich bin guter Dinge, voller Vertrauen und berufe mich auf das Glück, was uns stets zu begleiten scheint. Und ich übe mich in der orientalischen Geduld. Was für Europäer frustrierend ist und die Nerven aufreibt, lässt uns mittlerweile gelassen bleiben. Und das ist eine ganz wichtige Lektion, die uns das Reisen erteilt hat. Wir regen uns nicht auf und akzeptieren die relative, flexible Zeit. Pünktlichkeit hat hier keinen hohen Stellenwert und ist in einem Alltag voller Improvisationen mitunter schwer einzufordern. Unpünktlichkeit liegt nicht unbedingt am mangelnden Willen der Menschen. Es wird schon alles. Kommt Zeit, kommt LKW.

Langweilig wird es jedenfalls nicht. Wir spielen mit Abdul in der Wüste Golf, was er ständig lachend mit den Worten *„Bush sport"* kommentiert. Dann erscheint plötzlich eine Traube von Menschen aus der Stadt vor dem Polizeihof und wir entdecken, nur einen Steinwurf von unseren Bussen entfernt, eine Gefängniszelle. Dort sitzt ein ängstlicher, magerer Mann zusammengekauert auf dem Boden eines kleinen, dunklen Käfigs. Ohne Essen, ohne Trinken, ohne Rückzugsmöglichkeit, all den Blicken der nicht freundlich gesinnten Menschen hinter den dicken Gitterstäben ausgeliefert, die den Dieb nicht etwa besuchen oder befreien wollen. Einer der Polizisten erscheint mit seinem Gewehr in der Hand, löst die Versammlung dezent auf. Was wohl geschehen wäre, wenn wir nicht zu Gast gewesen wären?

Es ist sogar noch so viel Zeit, um beim hiesigen Schneider vier *Salwar-Kameez* in Auftrag zu geben. Wenig später werde ich erneut von Pakistanis umringt: Diesmal

sind es Thorben, Dany, Andy und Markus, gehüllt in die klassischen orientalischen Herrenanzüge aus weich fallender Baumwolle, bestehend aus einem langen Hemd und weiten Hosen, für die allein je vier Meter Stoff vernäht wurden.

Als es erneut *„No LKW!"*, dann *„Five hundred Dollar for the LKW to Quetta"* heißt, werden wir selber aktiv, lassen uns von Lucy auf die Hauptstraße ziehen und fragen uns bei den Haltern der parkenden Fahrzeuge durch. Schließlich ist selbst ein Pick-up-Truck ein potenzieller Abschleppwagen.

Unter einem entsetzten Aufschrei meiner Aufpasser eile ich auch los und helfe mit bei der Suche. Der Anblick der pakistanischen Lastwagen, der wohl mit Abstand schönsten der Welt, löst bei mir vollkommene Verzückung aus und ich verliere mich in dem Gewimmel dieser fahrenden Kunstwerke. Ursprünglich wurden in Pakistan, Indien, Bangladesch und Afghanistan Schmuck und

Verzierungen an Sänften und Vergnügungsschiffen wohlhabender und adliger Benutzer angebracht, aber auch am Geschirr von Transporttieren wie Eseln und Kamelen, die auch heute noch vielfach mit bunten klingelnden Glöckchen und rasselnden Ketten, Bändern und Plüschquasten geschmückt sind. Mit der Übertragung des Transportwesens auf Lastkraftwagen, Rikschas und Busse in den 1950er Jahren brachten es deren Besitzer zu einigem Wohlstand und waren bestrebt, ihre Statussymbole im Wettbewerb sichtbar zu platzieren. Angehörige einer eigenen Berufsgruppe, meist ein Meister und mehrere Helfer in Rawalpindi und Karatschi, bringen eine imposante, über der Fahrerkabine konstruierte und über die Haube reichende *Krone* an, welche die originale Höhe des Fahrzeugs fast verdoppelt. Die metallenen Türen der Kabine werden durch Holz ersetzt. Am vorderen Stoßfänger und dem Kühlergrill werden bunte, dicht aufgereihte Ketten befestigt, welche die Frontfläche optisch noch vergrößern. Alle Außenseiten bekommen wunderschön geschnitzte tafel- und medaillonartige Elemente und alle Umbauten werden von den ausschließlich männlichen Arbeitern per Hand mit Fischen, Vögeln oder geometrischen Figuren, Blüten und Blättern, Landschaften und Wahrzeichen aus der Heimat bemalt. Aufkleber, bunte Stoffe, Bänder und Plastiken werden angebracht. Überlagert wird das opulente Gesamtbild von aufwendig eingerahmten Kalligrafien, Sprüchen oder Koranversen wie *Dies könnte deine letzte Reise sein, Möge mir Allah bestehen* oder *Bete um Vergebung deiner Sünden, bevor du diese Reise beginnst.*

Der Stolz ihrer Besitzer ist allgegenwärtig und ich werde von allen Seiten herangewunken, um von den auf Hochglanz polierten Königen der Straße ein Foto zu schießen. Letztendlich finden sich zwei Möglichkeiten, nach Quetta zu gelangen. Wir haben die Qual der Wahl. Entweder wir werden die nächsten 150 Kilometer für hundert Dollar von einer blauen Schrottkiste gezogen oder wir hängen für nur fünfzig Dollar hinter einem Transporter, gefüllt mit frisch abgezogenen Ziegenfellen. Mir kommt der Geruch von den Innereien der Metzgerei in den Sinn – und ich stelle mir vor, was etwa fünfhundert Tierhäute in der Sonne so anrichten können.

Der Aufpreis von fünfzig Dollar stellt sich als gute Entscheidung heraus. Entgegen allen Erwartungen bleiben wir unterwegs nicht liegen und kommen flott voran.

Ausgebremst nur von den Stopps an den Polizeistationen, einer Mautstation, an der uns die Levis die Gebühr auslegen, da wir restlos pleite sind, und einer Pause zum Sonnenuntergang. *Namaz*: Zeit für das Gebet. Fünfmal am Tag sollen sich die Gläubigen in Richtung der heiligen Kaaba in Mekka verneigen, Allah und dem Propheten Mohammed gedenken. Wenn es Zeit ist, steigt unser Eskortenmann aus, rollt einen kleinen Teppich auf dem Sand aus, kniet andächtig vor seinem Gott nieder und betet. Sicherheit hin oder her.

Die kleine Wüstenstadt Dalbandin ist im Gegensatz zu dem verschnarchten Nok Kundi sehr lebhaft und schon eher in diesem Jahrhundert angekommen. Ein mehrstöckiges Gebäude überragt alle anderen Häuser und wirkt neben den vielen Lehmhütten wie ein Palast. Genau zu diesem sollen wir fahren. Das Hotel Al-Dawood. Der Inhaber winkt Esperanza Richtung Hinterhof, doch kurz vor dem Parkplatz gibt der Motor den Geist auf. Ich springe auf den Fahrersitz, alle greifbaren Männer schieben unseren Bus durch die enge, dunkle Gasse und nur mit Mühe und Not gelingt es ihnen, vier Tonnen die steile Einfahrt aus Wüstensand hinaufzubewegen. Direkt an der Rezeption bekommen wir unser erstes pakistanisches Bier angeboten. Jeder Überlandreisende, der aus dem Iran kommt, macht hier halt und hat mindestens zwei Wochen Alkohol-Abstinenz hinter sich. Und ja, es kommt uns sehr gelegen. Wir haben alle wirklich Lust darauf. Vor allem für Thorben gibt es nichts Schöneres, als am Abend, wenn der Zündschlüssel endgültig gezogen und der Motor verstummt ist, ein Bier zu trinken.

Die sieben Prozent haben ihren Preis, zwei davon kosten sechs Euro, umgerechnet so viel wie unser Hotelzimmer. Dorthin ziehen wir uns alle zurück, betreten den Balkon, um eine Zigarette zu rauchen und anzustoßen. Das *Millennium Brew* schmeckt grauenhaft, die Kehle brennt und der Magen verkrampft. Bei genauerem Hinsehen stellt sich heraus, dass auf dem Etikett alkoholfrei steht, die Kronkorken auf den Flaschen nicht original sind und ein findiger Geschäftsmann dem Getränk mit Spiritus zu seinem Schwung verholfen hat. Wir kehren ins Zimmer zurück und sind nicht mehr alleine. Auf dem Bett sitzen plötzlich zwei Polizisten. Nicht, um uns zu bewachen – sie möchten mitfeiern. Aber nicht mit Bier. Afghanistan ist in greifbarer Nähe und von dort findet Haschisch seinen Weg durch die Wüste. Der Joint ist schon fertig gebaut und startklar, die Runden zu machen. Bei klarem Verstand würde ich mich fragen, ob das eine Falle ist und sie uns testen wollen. Die Vernunft ist jedoch bereits ertränkt und die letzten aufkommenden Zweifel verschwinden mit dem ersten Zug. Es ist verrückt: Die Reise und wir auch.

Der erhöhte Cannabinoid-Spiegel sorgt für Heißhunger und zieht uns in das Restaurant im Erdgeschoss, wo bereits ein reichhaltig gedeckter Tisch mit pakistanischen

Köstlichkeiten wartet. Fladenbrot, genannt *Chapatis,* kalte Kräutersuppe, *Dhal,* ein Linsenbrei, Kartoffeleintopf und *Pilaf,* Reis mit Hammelfleisch und Hühnchen. Das Rundum-Sorglos-Paket für Touristen überrascht immer wieder aufs Neue an diesem Tag.

Um uns mit der hochgelobten Küche vertraut zu machen, hatten wir vor der Abreise noch ein indisches Restaurant besucht. Das fiel bei mir leider gnadenlos durch. Indisch ist eine wunderbare Sache, wenn man scharfes Essen mag. Schon beim ersten Bissen muss ich heute feststellen, dass die pakistanische Küche der indischen sehr ähnelt. Religionsbedingt ist sie fleischlastiger und leider noch viel schärfer. In fast allen Gerichten ist Chili enthalten und auch der schwarze und grüne Pfeffer machen das Essen für mich nicht zum Vergnügen. Ich kann kaum glauben, dass Menschen freiwillig so etwas essen, und habe das Gefühl, das zweite Mal an diesem Tag innerlich zu verbrennen.

Gegen Mitternacht verabschiede ich mich auf unser Zimmer. Mir ist unendlich kalt. Ich lege mich ins Bett, wickele mich fest in die dünne Wolldecke ein und wünsche mir sehnlichst eine Heizung. Sollten scharfe Lebensmittel nicht eigentlich die Durchblutung anregen und den Körper schwitzen lassen? Wann Thorben kommt, kriege ich nicht mehr mit. Laut seiner Erzählung war es noch eine lange Party und eigentlich müsste er sich nach Alkohol und Drogen so fühlen, wie es mir gerade geht.

Bei all der Eile in Nok Kundi habe ich beim Zähneputzen aus Versehen das Wasser aus unserem Tank getrunken – und jetzt plagen mich Schüttelfrost, Fieber und Gliederschmerzen. Nach jedem Schluck Wasser hänge ich kurze Zeit später über dem Loch im Badezimmerboden. Von meiner Stirn rinnen eiskalte Schweißperlen, die Haut schmerzt bei jeder Berührung. Ich weiß kaum, wie ich mich hinlegen soll. Mit den letzten Kräften schleppe ich mich am Morgen zum Bus, um mich dort aufzuwärmen. Zwar haben wir immer noch kein Gas, aber dank der Sonne heizt sich der kleine Raum schnell zu einer wohligen Temperatur auf. Während ich versuche zu schlafen ,was leider unmöglich ist da sich direkt nebenan eine Moschee befindet und der Muezzin zwar wunderschön, aber viel zu laut, zu lang und zu oft die Muslime zum Freitagsgebet ausruft, macht sich Thorben auf die Suche nach einem Mechaniker.

Irfan, stolzer Manager des Hotels mit einem beachtlichen Bauchumfang, spricht ein paar Brocken Englisch und lädt mich auf seine Dachterrasse ein. Dort tanke ich Wärme und Kraft, genieße die Aussicht auf die Stadt und kann es zum Sonnenuntergang trotz des Verkehrslärms und der schallenden Lautsprecher auf den Minaretten ganz klar heraushören: Esperanza schnurrt wieder. Der Mechaniker hat es tatsächlich geschafft, mit Improvisation und viel Sekundenkleber ein Wunder zu vollbringen. 350 Kilometer muss es halten und kann in Quetta gerne in tausend Teile zerfallen.

Noch vor dem Eintreffen des Begleitschutzes sitzen wir alle gesammelt an der Rezeption und trinken einen Kaffee. Nebenbei blättern wir im Fotoalbum von Irfan. Eine delikate Fotosammlung von Touristen, die eindeutig

bekifft sind. Ich bin mir sicher, dass gleich nach unserer Abreise ein weiteres dazu geklebt wird. Wir quälen uns durch den Verkehr, der ein kleiner Vorgeschmack auf Indien ist. Von den rund 16.000 Einwohnern Dalbandins halten sich nur die Frauen im Haus auf, der Rest vor, neben und hinter uns. Passanten wechseln unvermittelt die Straßenseite, ohne darüber nachzudenken, ob sie überfahren werden könnten, dürre Hunde streunen umher. Autos, Busse, LKWs, Tuk-Tuks, Mopeds, Fahrräder, Esel- und Pferdekarren fahren kreuz und quer. Eine unüberschaubare Herausforderung für Thorben, der noch auf tiefhängende Stromleitungen, überstehende Balkons und bis auf die Straße gestapelte Auslagen der Geschäfte achten muss. Zudem herrscht ein ohrenbetäubender Lärm. Es wird lang und laut gehupt. Jeder, der von hinten kommt, macht sich bemerkbar und hofft so auf freie Fahrt. Was in Deutschland das Zusammenspiel aller Verkehrsteilnehmer regelt, gilt hier nicht mehr. Scheinbar ist alles erlaubt und schon bald hupen auch wir uns den Weg frei.

Kaum sind wir aus dem Gröbsten heraus sind, fällt mir ein, dass unsere Pässe noch im Hotel liegen. Wertvolle Zeit ist dahin und erst in den Mittagsstunden liegt die Stadt endlich hinter uns.

Von guten Straßen kann man ab hier nur noch träumen. Die nächsten 250 Kilometer sind eine Katastrophe. Auf einigen Etappen ist der Asphalt von der Hitze zu Wellen verschmolzen – übersät von Schlaglöchern, so tief, dass sich unser Fahrzeug aufschaukelt, fast zu springen beginnt – oder er fehlt gänzlich. Wir fahren, als ob eine Ladung rohe Eier mit an Bord wäre, und ganz still bangt jeder für sich um den Zündverteiler. Auf dieser Strecke kommen wir kaum mehr als zehn Kilometer in der Stunde voran und trotz aller Strapazen empfinde ich diesen Teil von Belutschistan als den schönsten. In der sonst wüstenartigen Steppe erheben sich hier große gelbe Wanderdünen, die zum Teil die Straße unter sich begraben und nur ein kleines schmales Nadelöhr zur Durchfahrt freigelassen haben.

Ein über die Straße gespanntes Seil kündigt wieder einen Checkpoint an. Fast schon zu akribisch nehmen die Beamten alle Personalien auf und aus den gewohnten dreißig Minuten werden fast zwei Stunden. Dank der Zwangspause ist es zu spät, um weiterzufahren. Quetta liegt zu weit weg und bald wird es dunkel. Das wollen wir vermeiden, weil man Straßenschäden schlecht erkennt, viele Fahrzeuge ohne Licht und auch Tiere und Menschen in der tiefschwarzen Nacht unterwegs sind.

Gerade so passen beide Busse in den kleinen Innenhof, in dem schon ein Ambulanzwagen steht. An den Türen befinden sich mehrere Einschusslöcher, die Fensterscheiben sind zersplittert, die Sitze voll von Scherben und Blut. Der hiesige Polizeichef, ein großer gutaussehender Mann mit ungewöhnlich kurzem Bart, vollkommen in Camouflage gekleidet, eilt auf uns zu und begrüßt uns herzlich. Er deutet erst auf das Auto, dann auf die in einiger Entfernung liegende Hügelkette und erzählt in gebrochenem Englisch von dem Angriff der dort herrschenden Taliban, die immer wieder in pakistanisches Territorium eindringen und vor wenigen Tagen das

Leben von vier Menschen ausgelöscht haben. Danach führt er uns durch die Station und zeigt uns voller Stolz die Zellen, sein Schlafzimmer – ein karger Raum mit einer Pritsche – und daneben ein kleines Badezimmer, das ebenso wie sein Büro nicht mehr als eine kleine gemauerte Nische in der Hofmauer ist. Wir verschwinden in dem dunklen Loch, tragen uns für die Nacht ein und bekommen von den sichtlich benebelten Wachen als Willkommensgeschenk ein Stück Haschisch überreicht.

Ich bringe mich in Sicherheit vor den vielen Handykameras, die schon wieder aufblitzen, keine zehn Zentimeter von meinem Gesicht entfernt und bereite im Bus das Abendessen vor. Thorben entriegelt die hintere Tür und keine Sekunde später sind alle Plätze rund um den Tisch von Polizisten besetzt. Nichts ist interessanter für die Männer, als Fotos von Deutschland zu sehen. Diesen Gefallen haben wir in den letzten Wochen schon so vielen getan. Mittlerweile routiniert darin, öffnet Thorben den Laptop und beginnt, von Deutschland zu erzählen. Zum Abendessen verabschieden sich alle und machen Platz für Markus, Andy und Dany.

Den Humor der Pakistaner haben wir bereits kennengelernt – und doch bleibt uns wenig später vor Schreck erst einmal das Essen im Hals stecken: Die Tür öffnet sich wieder und davor steht unser Officer. Mit einem Maschinengewehr im Anschlag. Die Mündung der Waffe auf unsere Gesichter gerichtet. Seine Miene ist ernst, er schreit *„You all are arrested!!!"*, und auf die folgende Totenstille bricht er in ein herzhaftes Lachen aus. Unsere Gefühle sind eine Weile gemischt – wir sollten an unserem Humor arbeiten oder einfach auch mehr von dem Haschisch rauchen. Der Polizeichef ruft: „Schatzi", und erst als er mir seine Waffe reicht, fühle ich mich angesprochen. Er hat mitbekommen, wie Thorben mich nennt, und ich soll doch das gute Stück auch mal halten und für ein Foto posieren. Mir rinnt der Schweiß den Rücken hinunter und ich bin heilfroh, als man mir das schwere Ding wieder abnimmt.

Am nächsten Morgen geht es weiter in Richtung Quetta. Wir kommen nur mithilfe der Polizisten in die Gänge. Sand weht durch die Luft. Ich blicke durch das staubige Fenster hinaus und neben mir schieben zu beiden Seiten die vermummten Männer Esperanza aus dem Hof. Die Gefahrenlage scheint sich zuzuspitzen. In immer kürzer werdenden Abständen tauchen die Kontrollposten auf

und sind vollends von hohen Sandsäcken abgeschirmt. Kurz vor der Hauptstadt Belutschistans wird unser Konvoi von einem rostigen Pick-up überholt, der vor Lucy einschert. Auf dessen Ladefläche ist eine Bank montiert, auf der vier in Camouflage gekleidete, vermummte Soldaten sitzen. Dunkle Augenpaare funkeln uns finster an, die Sturmgewehre sind im Anschlag, die Finger schussbereit auf dem Abzug. Konzentriert beobachten sie die Umgebung. Direkt hinter uns das gleiche Bild. Erstaunlicherweise nehmen wir diese skurrile Situation mit absoluter Gelassenheit hin. Wie schnell man sich an die latente Gefahr gewöhnt und es als normal empfindet, mit bewaffneten Levis durch Pakistan gejagt zu werden. Hupend und mit eingeschalteten Sirenen rast unser Konvoi durch die vollgestopften Straßen der Hauptstadt von Belutschistan und erzeugt bei Mensch und Tier reges Interesse. Im Innenhof des Bloom Star Hotels kommen wir zum Stehen. Hier werden wir einquartiert, registriert und erfahren, wo sich Banken, Geschäfte und Internet-Cafés befinden. Bis achtzehn Uhr dürfen wir uns frei bewegen, dann tritt die Ausgangssperre in Kraft. In Quetta war es mehrfach zu Anschlägen und Überfällen gekommen und Abends ist jeder nur noch bewaffnet unterwegs.

Vier Stunden haben wir Zeit, um alles Notwendige zu erledigen. Der Spaziergang zum Bankenviertel ist ein Abenteuer für sich. Es stinkt. Es ist laut. Ein hektisches Gewusel. Der Verkehr ist mörderisch, nur mithilfe aller Sinne heil zu überstehen. Die Gehwege sind schmal und verschwinden unter Müllbergen oder parkenden Fahrzeugen jeder Art. Jedes Schaufenster inspizieren wir bis ins kleinste Detail. Die meisten sind mit persischen Schriftzeichen vollgeklebt, die Wände ringsherum mit Reklameschildern. Einmal nicht aufgepasst, kommt Thorben vom Weg ab und steht knietief im Abwasser. Die offenen Kanäle, in denen eine trübe, übelriechende Flüssigkeit treibt, verlaufen ungesichert auf beiden Seiten der Straße. Ich lache lauthals auf, wie er nun mit schmutziger Hose und nassen Schuhen, einen unangenehmen Duft verströmend, dasteht und die Reste des Wassers in seinen Schuhen beim Laufen fortan schmatzende Geräusche von sich geben – und steige wenig später selbst hinein. Nur mit viel Glück finden wir eine Bank, die am heutigen Freitag geöffnet hat, und endlich besitzen wir wieder genug Bargeld. Es war eine gute Entscheidung, jeweils eine Master- und eine Visacard mitzuführen. Mit einer dicken Geldbörse steigen wir zu fünft in eine kleine Motorrikscha und schaffen es mit dem Sonnenuntergang gerade noch rechtzeitig zur Sperrstunde ins Hotel zurück.

Die Unterkunft ist überraschend gut. Zwar gibt es zum Duschen kein warmes Wasser, aber dafür ein richtiges WC und eine von der Rezeption hochgepriesene Heizung. Pünktlich um achtzehn Uhr geht das Licht aus. Wegen des herrschenden Energienotstandes gibt es nur für zwei Stunden am Stück Strom, dann wird er wieder für eine Stunde abgeschaltet. Durch die stumpfen Scheiben schaue ich hinaus in die Stadt, die, zuvor von der Wüste braun gefärbt, nun durch und durch in der Schwärze verschwunden ist. Ich entzünde die bereitstehenden Kerzen, Thorben bestellt das Abendessen aufs Zimmer und bei schummrigen Licht machen wir es uns vor dem Gasbrenner auf dem staubigen Boden gemütlich. Gierig saugen wir die Wärme der offenen Flammen auf, die zu schwach sind, um eine angenehme Temperatur im eiskalten Raum zu schaffen, und lassen den Abend ausklingen, während auf dem Flur unserer Etage die Soldaten regelmäßig patrouillieren.

Unsere geplante Strecke von Quetta über Loralei nach Multan darf aus Sicherheitsgründen nicht mehr gefahren werden. Die Fernstraße ist bekannt als berüchtigte *Robber road,* weil hier in der Vergangenheit immer wieder Reisende Opfer von Raubüberfällen geworden sind. Der Umweg über Sukkur ist möglich, sogar ohne Eskorte, und so drängt uns nichts und niemand mehr zur Eile. Markus, Andy und Dany wollen wir nicht schon wieder ausbremsen und bitten sie, weiterzuziehen. Ich bin mir sicher, unsere Wege werden sich bald wieder kreuzen. Thorben bestellt an der Rezeption einen Mechaniker, und wir verweilen bis zu seiner Ankunft im Innenhof, einem sonnigen Garten mit echtem Rasen, bei einem ausgiebigen Frühstück. Nach vielen Hundert Kilometern durch die Wüste kommen wir uns bei dem Anblick der kleinen Grünflächen wie im Paradies vor.

Eine Eselkutsche bringt unsere alte Batterie zum Aufladen, unser Mann erhält den ausgebauten Anlasser und den Verteiler mit dem Auftrag, der Welle das Spiel zu nehmen, damit der Rotator nicht mehr bei jeder Unebenheit gegen die Kappe knallt und den Verteiler ruiniert. Wenn alles gut geht, vor allem wenn genug Strom fließt, ist schon heute Abend alles erledigt und wir können morgen mit einer Handvoll Zündverteilern und -kappen für den Notfall im Gepäck weiterfahren.

Nachdem wir kennengelernt haben, wie es an iranischen Tankstellen abläuft, sind wir etwas geschockt, als Thorben im nahegelegenen Markt unsere Gasflasche auffüllen lässt. Während die hochentzündliche Flüssigkeit über einen Schlauch in unseren Behälter läuft, wird ihm eine Zigarette angeboten. Die Verbotsschilder an deutschen Tankstellen finden wir jetzt nur noch reichlich übertrieben und

manch eine Explosion der Vergangenheit nicht terroristisch.

In den schmalen Gassen wimmelt es von kleinen Geschäften und Ständen, die Menschen beobachten uns neugierig und grüßen freundlich mit den Worten *„Hello, how are you?"* und *„Welcome to Balochistan!"*. Ein Bäcker schenkt mir Brot, weil er sich freut, dass jemand von *draußen* da ist. Der Schneider weigert sich, Geld anzunehmen, nachdem er meine Hose geflickt hat, serviert mir noch einen Tee und ist glücklich, sich mit mir zu unterhalten. Es sind genau *die* Menschen mit langen Bärten und der traditionellen Kleidung, die wir aus den Medien als Terroristen kennen. Diejenigen, die wir aufgrund ihres Aussehens und ihrer Religion, des Glaubens an Allah, als fanatische Mörder schuldig sprechen. Und tatsächlich ist vieles oft nicht so, wie es nach außen wirkt. Die Menschen können nichts dafür, dass sie in einem schwierigen politischen Umfeld leben. Doch wie hat es einst Marc Twain gesagt: „Hast du Vorurteile, gehe auf Reisen." Unterwegs relativieren sich eingefahrene Ansichten. Im Umkehrschluss bleibt man als Daheimgebliebener Produkt seines Umfelds und seiner eigenen Kultur, die natürlich in ihr lebende Menschen prägt. Die Straße ist für uns die beste Schule, macht aufgeschlossener, lehrt Toleranz und bestärkt einen darin, sich ein eigenes Bild über andere Länder, Menschen und deren Sitten zu machen. Auf Reisen habe ich nicht nur festgestellt, wie sehr man den Menschen als Individuum sehen muss. Überall auf der Welt gibt es eine Fülle von besonders freundlichen Menschen. Die Nationalität spielt dabei keine Rolle.

Heute haben wir den 1. Dezember. Die Idee, unseren Adventskalender wegen Platzmangel über der Heizung aufzuhängen, war nicht die beste. Hinter dem ersten Türchen verbirgt sich ein unansehnlicher, seltsam geformter brauner Klumpen. Und trotzdem: Nach so langer Abstinenz schmeckt diese Schokolade wie der Himmel auf Erden.

Bis zur Stadtgrenze werden wir noch begleitet, dann biegen die Jeeps ab und entlassen uns in die Freiheit. Lucy fehlt im Rückspiegel. Die Straßen sind teilweise so schmal und die Ränder vom Monsun ausgewaschen, dass zwei LKWs nicht aneinander vorbeifahren können. Theoretisch müssen beide ausweichen und mit den linken Reifen die Teerpiste verlassen. Aber in Pakistan ist alles erlaubt. Die Fahrer sind lebensmüde, bauen auf die Kraft ihrer fahrenden Glücksbringer und beharren auf dem Recht des Stärkeren. Beide jagen mit hoher Geschwindigkeit aufeinander zu. Wer die besseren Nerven hat, bleibt, der andere weicht komplett in den Staub aus. Ein Spiel, das die LKW-Fahrer lieben. Thorben kann seinen Platz auf den pakistanischen Straßen behaupten und ich merke, dass ihm dieses Spiel unter Geschlechtsgenossen auch Spaß macht. Ich sehe weg, bevor mich die Angst noch umbringt, und verabschiede mich endgültig von dem Gedanken, auf dieser Reise selbst am Steuer zu sitzen. Ich habe den Anschluss verpasst. Anfangs hat mich die Lenkradschaltung abgeschreckt, dann Esperanzas Zicken und seit dem Iran der Verkehr.

Mit den letzten Bergen verschwindet auch das eintönige Grau und Braun, das uns die letzten Wochen begleitet hat, wechselt in eine saftig grüne Vegetation und führt uns lange Zeit an einem Flusslauf entlang: hinein in das Katastrophengebiet. Zerstörte oder nur provisorisch reparierte Brücken am immer breiter werdenden Flussbett sind die ersten Vorboten der verheerenden Flutkatastrophe, ausgelöst durch starke Monsunfälle im Juli und August – den stärksten seit etwa achtzig Jahren. Die Wassermassen ließen den beeindruckenden Indus, mit 3180 Kilometern der längste Fluss auf dem indischen Subkontinent, anschwellen und überschwemmten eine Fläche so groß wie Italien. Einige Straßen sind seitdem nicht mehr vorhanden, was Thorben und mir schon seit Tagen Kopfzerbrechen bereitet. Einen anderen Weg gibt es nicht, die Strecke über Loralai ist für Touristen nicht befahrbar. Gleich einem Geschenk des Himmels setzt sich kurz vor Dera Murad Jamali ein Polizist mit Sozius auf dem Moped vor unseren Bus, wir fahren mit Vollgas durch die Menge und hupen den Weg frei. Entgegenkommende oder langsame Fahrzeuge weichen in letzter Sekunde aus, setzen sogar einen Stock dazu ein, um Mensch und Tier beiseite zu treiben. Die Stadt ist in einem einzigen Chaos versunken und ich bin mir nicht sicher, ob und wie wir da ohne die Hilfe der Polizisten durchgekommen wären. Zwar ist hinter dem Ortsausgangsschild die Straße wieder frei, aber welches Elend uns anschließend erwartet, liegt weit ab unserer Vorstellungskraft.

Zehntausende sind obdachlos, haben das Katastrophengebiet verlassen und hausen nun in unzähligen

kleinen blauen Zelten mit Aufschriften vom Deutschen Roten Kreuz und UNICEF. Die Lage hat sich zugespitzt. Es gibt massive Ernteausfälle – rund 500.000 Tonnen der Weizen- und Reisernte sind weggespült worden – und die von Hunger und purer Verzweiflung gezeichneten Menschen sitzen nun aneinandergereiht am Straßenrand und hoffen auf die Ankunft dringend benötigter Lebensmittel.

Je weiter wir vordringen, desto schlechter werden die Straßen. Mit der Zeit haben die hoffnungslos überladenen LKWs riesige Furchen in den Asphalt gewälzt, der wenig später gar nicht mehr vorhanden ist. Stattdessen liegen vor uns nur noch Staub, Sand und tiefe Gräben. Die härteste Straße der gesamten Reise. Hier muss Esperanza schwer leiden und zieht eine gewaltige Staubfahne hinter sich her. Auch die Landschaft hat sich in einen braunen, stinkenden Sumpf verwandeln. Das Thermometer zeigt vierzig Grad. Die Luft ist nicht nur heiß wie ein Fön, sondern schwül

und schmutzig, was wir mit jedem Atemzug schmecken. Eine Schlange von LKWs versperrt den weiteren Weg – eine neue Eskorte erscheint und lotst uns daran vorbei. Wenn der Zündverteiler nicht durchhält und wir stehen bleiben müssen, ist alles vorbei. Es kommt, wie es kommen muss: Ein Lastwagen blockiert die schmale Piste, Esperanza kommt zum Stillstand und die geländeuntauglichen Reifen fressen sich in den lockeren Boden. Ich sitze wie versteinert auf meinem Sitz und kralle mich noch immer am Türgriff fest, obwohl wir schon lange nicht mehr durchgerüttelt werden.

Sofort bildet sich eine Traube um uns herum. Von allen Richtungen eilen Menschen heran und versuchen, Esperanza anzuschieben, was aber kläglich scheitert. Gerade in diesen Situationen ist die Kraft des Partners ein Schwungrad. Wir kennen seine Fehler, aber halten zusammen. Wenn es darauf ankommt, können wir uns aufeinander verlassen. Wir schaufeln bis zur Erschöpfung und hoffen, mithilfe unserer Sandbleche aus dem Schlamm herauszukommen. Selbst die Polizisten packen mit an. Doch erst ein Bauer auf seinem Traktor schafft es, den Bus mit aller Gewalt auf festen Boden zu schleppen. Ich bin ihm so unendlich dankbar und möchte ihm ein paar Rupien in die Hand drücken, doch er lehnt das Geld ab und verschwindet winkend in der Dunkelheit. Einer der Ärmsten, gebeutelt vom Schicksal, auf jede noch so kleine Münze zum Überleben angewiesen, nimmt für Hilfe keine Gegenleistung an. Eine scheinbar typisch deutsche Angewohnheit, alles vergüten zu wollen. Warum können wir nicht einfach einen Gefallen annehmen, ohne etwas zurückzugeben und ohne ein schlechtes Gewissen zu haben?

Dreißig Kilometer und vier Stunden später steigt meine Demut vor den Pakistanern noch weiter. Mit vollem Einsatz führen die beiden Polizisten uns weiter durch die Nacht, lotsen uns sicher an den schlimmsten Straßenschäden vorbei bis nach Jacobabad. Wir halten vor einem Straßenlokal und tatsächlich möchten sie uns den servierten Tee auch noch bezahlen. Thorben versucht es mit Schnick-Schnack-Schnuck, dann mit Münzwurf, um elegant ablehnen zu können – doch wir verlieren beides und kommen einfach nicht drum herum, auch diese Gefälligkeit anzunehmen.

Die Luft ist stickig, schier unerträglich. Wir nehmen einen langen Stau in Kauf, den ein umgekippter LKW verursacht hat, und fahren weiter bis Sukkur, das nicht mehr im Überschwemmungsgebiet liegt. Nach zwölf Stunden Fahrt und 375 Kilometern Strecke stellen wir den Motor auf einer Grünfläche neben einem Brückenpfeiler aus. Nachts sind die Temperaturen mittlerweile so mild, dass wir zum ersten Mal ohne Heizung erschöpft, aber unendlich erleichtert einschlafen können.

Der Anlasser blitzt und blinkt wie neu. Dass er am nächsten Morgen schon wieder nicht funktioniert, nehmen wir mit Gelassenheit und einer Portion Humor hin. Auch wenn die Jungs nicht mehr da sind zum Helfen, von den vielen Schaulustigen findet sich immer jemand, der gerne mit anschiebt. Aber heute hindert uns zudem ein durchgebrannter Kondensator am Zündverteiler an der Weiterfahrt. Mit einem Tuk-Tuk holen wir zwei Mechaniker samt Werkzeug und einer Batterie und wenig später funktioniert alles wieder. Ich bin gespannt, wie lange, und auch mit welcher neuen Herausforderung Esperanza uns als Nächstes überrascht. Den Anlasser zu reparieren, geben wir auf. Hat ja anscheinend keinen Sinn. Es soll einfach nicht einfach sein.

Ein erstaunlich gut ausgebauter Highway nach Sadiqabad kommt da auf jeden Fall sehr gelegen. Angepasst an den allgemeinen Fahrstil – dicht auffahren, Licht an, hupen, rechts auf den Seitenstreifen ziehen und erneut hupen, links auf den Grünstreifen ziehen, um zu überholen – geht es zügig voran. Einigen der hoffnungslos überladenen LKWs ist das leider nicht so gut gelungen und sie liegen umgekippt am Straßenrand. Palmen und Baumwollfelder prägen die Landschaft, und auf letzteren sehe ich etwas, das mir in diesem Land noch gar nicht begegnet ist: Frauen. Mir war bewusst, dass es Länder gibt, in denen sie gänzlich vom männlichen Geschlecht getrennt werden

und nicht am öffentlichen Leben teilnehmen dürfen, sondern ihren Alltag im Haus eingeschlossen verbringen müssen. Bei ihrem Anblick erfasse ich das traurige Schicksal jeder einzelnen und mir läuft es trotz der Hitze eiskalt den Rücken herunter. Im Westen würden diese Frauen Rechte besitzen und über ihre persönliche Freiheit verfügen können. Arbeiten, einkaufen, spazieren und Spaß haben – all das, was für uns selbstverständlich ist. Stattdessen streifen sie als Pflückerinnen durch die Plantagen und zupfen unter dem strengen Blick eines Aufpassers das weiße Gold von den Sträuchern. Selbst junge Mädchen müssen hart arbeiten, schleppen die Ernte – einen Großteil der Baumwolle des Weltmarktes – in schweren Säcken auf dem Rücken und kommen tagein, tagaus in Kontakt mit Pflanzengiften. Alltägliche Realität von Arbeitssklaven. Als mich der Aufpasser entdeckt, werde ich angeschrien und sofort verjagt.

Doch das Unrecht in Bildern mag einfach nicht aufhören. Wenig später durchqueren wir ein Gebiet, das ausschließlich aus Ziegelbrennereien besteht. Gewaltige Schornsteine ragen in den Himmel. Davor karren Männer mit ausgezehrten Körpern in ihrer zu groß wirkenden Kleidung die Rohlinge zum Ofen und stapeln diese in die Brennkammern. Ihre Zähne sind rot vom Betelnuss kauen, genauso gefärbt wie die gebrannten Steine, die rund um die Fabriken im Schlamm gestapelt sind. Die dahinter knienden Menschen sind durch den Qualm kaum zu erkennen, wohl aber, dass sie eine graue Masse in Formen pressen.

Die sogenannte Schuldknechtschaft ist weit verbreitet. Ganze Familien werden gezwungen, ohne angemessene Bezahlung in unrealistischer Höhe geschlossene Kreditbeträge zurückzubezahlen. Es ist Sklaverei und diese Ziegel sind die *Steine des Anstoßes,* die mir vor Augen führen, wie ungerecht die Welt oft ist. Mein altes Mitleid mit mir selbst kommt mir jetzt ziemlich lächerlich vor und verwandelt sich hier in Demut. Ich beschließe für die Zukunft, nicht mehr zu jammern. Nie zuvor war ich dankbarer für alle Möglichkeiten, die mir offenstehen. Für die Menschen hier gibt es diese Chance nicht.

Die Tage ziehen dahin, die Nächte verbringen wir meist an Tankstellen und können kaum schlafen wegen der nervtötenden Hupen der Lastwagen. Mit der Ankunft in Multan ist der lange Umweg über den Süden geschafft und Esperanza rollt wieder planmäßig gen Osten. Nur noch 350 Kilometer trennen uns von Indien.

„Stopp", sage ich zu Thorben. „Das geht mir alles viel zu schnell." Seit 62 Tagen sitzen wir tagein, tagaus im Bus – und schon sollen wir da sein? Zwar ist es noch ein weiter Weg bis nach Goa, aber mit Indien beginnt der Anfang vom Ende. Das Ziel ist in greifbarer Nähe und mir wird schlagartig und vor allem schmerzhaft bewusst, dass diese Reise nicht unendlich ist und ich bald von der Realität geweckt werde. Wie sehr wünsche ich mir in diesem Moment noch ein paar mehr Länder zwischen Pakistan und Indien. „Lass uns doch das letzte Stück Pakistan in Ruhe angehen", bitte ich Thorben, und auch ihm kommt das sehr gelegen. Wir parken Esperanza im bewachten Hinterhof eines Hotels und spazieren einfach los. Waten knietief durch das überschwemmte Stadtviertel, passieren ein weiteres, dessen Straßen komplett aufgerissen sind, und enden in einem weitläufigen Park. Eine Gruppe Jugendlicher spielt Cricket, auf der sattgrünen Wiese sitzen Männer und verfolgen das lautstarke Spiel. Sie laden uns ein, neben ihnen Platz zu nehmen, und erteilen uns eine Lektion des Nationalsports, der in Pakistan fast wie eine zweite Religion ist. Dass wir den langen Weg von Deutschland bis hierher mit dem Bus gefahren sind, macht uns in ihren Augen zu richtigen Abenteurern. „*Which ocean did you cross?*" Die Frage ist

eine derjenigen, die wir am häufigsten gestellt bekommen. Ungläubig vernehmen sie unsere Antwort und noch überraschter sind sie, als wir erzählen, dass es in Europa keine Grenzen gibt. Vor der Weiterreise raten sie uns allerdings ab. *„India is too dangerous."* Inzwischen wissen wir solche Kommentare einzuschätzen und können das insgeheim belächeln. Das haben wir mittlerweile gelernt. Der Nachbar ist böse und es wird kein gutes Haar an ihm gelassen, man schlägt schon beim Gedanken an ihn die Hände über dem Kopf zusammen. Türken schimpfen über Kurden, Kurden über Iraner, Iraner über Pakistaner und ebendiese über die Inder. Es ist überall das gleiche Spiel.

Lahore, die Perle des Punjabs. Was für eine Stadt! Hier ist es noch ein bisschen voller, lebendiger und chaotischer als im Rest des Landes. Und spürbar anders. Es ist für uns wie die Ankunft in der Gegenwart und zugleich die Rückkehr zum alten Hippie Trail. Wir befinden uns wieder auf der legendären Route und fahren auf breiten, sauberen

Straßen, an die sich richtige Gehwege anschließen, sehen das erste Mal Ampeln, amerikanische Fast-Food-Restaurants, vollverglaste, kantig-moderne Shoppingmalls und erstaunlich viele Parks und Grünflächen. Das Internet-Inn, eine Absteige für Traveller mit viel Platz im Hinterhof, ist unauffindbar, und nachdem unser Navi uns ein weiteres Mal in die falsche Richtung geschickt hat, beschließen wir, einfach die nächstbeste Unterkunft zu nehmen. Vor der Schranke stehen bewaffnete Wachen, eilen mit dem hoteleigenen Sprengstoffdetektor herbei, saugen unser Wohnzimmer gründlich durch und suchen den Unterboden der Karosserie mit Spiegeln nach Bomben ab. So geschieht es vielleicht zum ersten Mal in der Geschichte des Fünf-Sterne-Resorts Avari, dass anstelle einer Limousine ein schrottreifer Oldtimer auf dem Hof einparkt und statt reicher Geschäftsleute zwei von der Reise gezeichnete, recht mitgenommen aussehende deutsche Touristen an der Rezeption einchecken. Für umgerechnet neunzig Euro sind wir nach einer Taschenkontrolle Gast und König in einem geräumigen, klimatisierten Zimmer der Luxusklasse, das im krassen Gegensatz zu der Außenwelt steht.

Das Hotel wäre preislich gesehen in Deutschland eine erschwingliche Mittelklasseunterkunft, für pakistanische Verhältnisse verprassen wir gerade einen Monatslohn und wir fühlen uns wie die reichsten Menschen der Welt. Eigentlich möchten wir beim Reisen genau davon weg, dem Überfluss entkommen, reisen gerne mit kleinem Budget, um näher an den Einheimischen zu sein. Aber die letzten Wochen haben ihre Spuren hinterlassen und in diesem Moment kann ich mir nichts Schöneres als dieses Hotel vorstellen.

Das Badezimmer ist eine einzige Wellnesslandschaft, aber das ist kein Kunststück. Meist hatten wir zu wenig Wasser, um im Bus zu duschen, und die wenigen Nasszellen unterwegs waren nur mit einem vollen Eimer und einem Becher ausgestattet, den wir uns über den Kopf geschüttet haben. Nun drehe ich am vergoldeten Wasserhahn und warmes Wasser spült die Spuren der letzten Wochen in den Ausfluss. Den Rest des Tages verbringen wir mit einem breiten Grinsen im Kingsize-Bett und lecken unsere Wunden. Im Fernsehen läuft ein deutscher Sender und auf unseren Laptops steht endlich eine Verbindung in die Heimat. Wenn es nach Familie und Freunden gegangen wäre, hätten wir niemals reisen dürfen. Nach drei Wochen ohne Kontakt ist die Sorge um uns groß und die E-Mails und SMS trudeln im Sekundentakt ein. Endlich können wir ihnen die Angst nehmen, wieder ein Lebenszeichen von uns geben und an der Welt dort draußen teilhaben. Das Essen wird uns unter einer silbernen Haube aufs Zimmer serviert und spät am Abend klopft der Zimmerservice an, um vor dem Schlafengehen die Kissen aufzuschütteln.

Die Badshahi-Moschee am äußeren Ende der Altstadt beeindruckt mit ihrem gewaltigen Innenhof, der für 60.000 Gläubige Platz bietet, und der kunstvollen Fassade aus blutrotem Sandstein und schneeweißem Marmor. Wie es muslimischer Brauch ist, ziehen wir uns vor Betreten die Schuhe aus und spazieren über den Taubenkot. Zu Hunderten, nein Tausenden schlafen die Vögel friedlich auf den Minaretten und Mauern, erwachen beim kleinsten Laut und erheben sich unter ohrendbetäubendem Gurren und wild flatternd in die Lüfte, um wenig später wieder denselben Platz einzunehmen. Dieses Schauspiel lässt den Zauber der einstigen Mogulzeit eindrucksvoll wieder aufleben. Mit der Sonne im Zenit erreicht das Thermometer die 40-Grad-Marke und der steinerne Boden ist kochend heiß. Wir verbrennen uns die Fußsohlen, springen auf ausgelegten Tüchern Richtung Ausgang und verlassen die bis noch vor wenigen Jahren größte Moschee der Welt.

Wie es der Zufall so will, begegnen wir auf den letzten Metern in Pakistan Lucy und unseren treuen Weggefährten. Wir wechseln unser Geld in Indische Rupien, die wir verbotenerweise einführen, bekommen an der letzten Grenze im Eiltempo die Pässe und das Carnet gestempelt und reisen gemeinsam, eine Woche später als beabsichtigt, nach Indien ein. Wer reist, kann sich die Planung eigentlich sparen. Irgendwas geht ja doch immer schief.

Indien

Seit der Teilung und Unabhängigkeit von Pakistan und Indien herrschen politische Spannungen zwischen den beiden Atommächten. Es sind Erzfeinde, wie sie es wohl kein zweites Mal gibt – sehr zum Leidwesen der Bevölkerung, die sich in Aussehen, Mentalität, Werten und selbst der Sprache kaum unterscheidet. An der Grenze Wagah-Attari wird diese Rivalität jeden Abend pünktlich zur Grenzschließung recht deutlich spürbar und eindrucksvoll demonstriert. Die blutige Trennung von Moslems und Hindus durch eine Grenze mitten durch die ehemalige Provinz in Britisch-Indien wird so weiterhin am Leben erhalten. Menschenmassen ziehen vorbei und wollen die Militärparade miterleben. Wir sind die Letzten an der Grenzabwicklung und langsam werde ich nervös, erwarte sehnsüchtig, dass endlich der Stempel in die Pässe knallt, um auch dabei zu sein.

Während wir losrennen, reiße ich mein Kopftuch herunter und schlinge es locker um den Hals. Punkt 17.30 Uhr schließen sich die Tore und die direkt an der Grenzstraße gelegenen Tribünen sind bereits komplett besetzt. Gegenüber den dunklen, monotonen Roben der Moslems in Pakistan erscheint die indische Bekleidung wie ein einziges Farbenmeer. Die traditionelle Kleidung der Hindus ist oft sehr bunt, jede Farbe hat eine Bedeutung und zeigt, welcher Gruppe der Gesellschaft sie angehören. Rot gilt im Hinduismus als Farbe der Freude und des Glücks. Weiß steht für Reinheit. Blau verbinden Hindus mit den Göttern Vishnu und Krishna. Gelb ist die Farbe der Sonne und steht für Licht und Erkenntnis, Grün ist ein Zeichen für Leben und für den Tod. Vor allem die Frauen

stechen hervor. Für mich ist es *das* Nationalgewand und eines der schönsten und elegantesten Kleidungsstücke der Welt. Der *Sari* ist ein etwa fünf bis sechs Meter langer Stoffstreifen, der über einen Unterrock mehrfach um den Körper gewickelt wird. Meist besteht er aus Baumwolle oder Seide und ist oft verziert mit Borten aus Spiegeln, Fransen, Stickereien mit kunstvollen Mustern und bunten Pailletten. Zusammen mit der *Choli*, einer eng anliegenden, bauchfreien kurzärmeligen Bluse, erscheinen selbst einfache Landfrauen wie eine Bollywood-Prinzessin.

Anheizer motivieren ihre Landsleute, möglichst viel Lärm zu machen, um es den anderen da drüben zu zeigen. Etwa 6000 rufen: „*Hindustan Zindabad.*" Lang lebe Indien. Um die 3000 kontern mit: „*Pakistan Zindabad.*" Lang lebe Pakistan. Hochgewachsene, gertenschlanke Soldaten in herausgeputzten Uniformen und mit Hüten, dekoriert mit Fächern, die einem Hahnenkamm ähneln, stolzieren auf und ab. Die Bärte sind fein säuberlich gestutzt, der Blick ist grimmig. So präsentieren sie den Soldaten des Nachbarlandes ihre vermeintliche Stärke. Auf beiden Seiten der Grenze marschieren sie in schnellen Schritten aufeinander zu, die Arme rudern ausladend vor und zurück, sie stampfen übertrieben mit den Hacken, werfen die Beine hoch bis über ihre Köpfe, sogenannte High-Kicks. Und immer wieder Drohgebärden, erhobene Fäuste Richtung Zaun. Das Publikum schreit und applaudiert. Als wollten sie die Zuschauer daran erinnern, dass es sich nur um Zirkus handelt, gehen Popcorn-Verkäufer durch die Reihen. Nach einer Stunde werden auf beiden Seiten langsam und gleichmäßig die Nationalflaggen eingezogen. Keine soll tiefer hängen als die des anderen. Propagandamusik dröhnt aus Lautsprechern, jeweils zum ungeliebten Nachbarn gerichtet. Die Eisentore öffnen sich, zwei Offiziere laufen aufeinander zu, schütteln sich kurz die Hände und werfen die schweren Gitter übertrieben krachend zurück in die Schlösser. Die unterhaltsame Zeremonie ist beendet.

Mit dem Ohrwurm *„Hindustan! Pakistan!"* im Gepäck fahren wir zu unserem Stellplatz, dem Hotel Mrs. Bhandari's Guesthouse, einem beliebten Treffpunkt für Überlandreisende, und sind fertig mit den Nerven. Istanbul, Iran, Pakistan – was wir dort auf den Straßen erlebt haben, war ein Spaziergang und ist nichts im Vergleich zu Indien. Die Verkehrsteilnehmer waren berechenbar. Man wusste, dass kurz vor knapp noch ausgewichen wird oder eine Hupe nur Eindruck schinden soll. Hier ist Autofahren lebensgefährlich und zählt aus europäischer Sicht zu den Extremsportarten. Jeder fährt, wie er will, gerne auch in die entgegengesetzte Richtung. Das Licht wird selbst in der Dunkelheit nicht eingeschaltet und der Begriff Vorfahrt existiert nicht. Die Fahrspuren werden nur zur groben Orientierung benutzt, man fährt dort, wo Platz ist – meist dazwischen oder auf dem Standstreifen. Es wird abgedrängt, geschnitten, ausgebremst und dicht aufgefahren. Hupe und Abblendlicht arbeiten im Dauereinsatz. Kein Wunder, dass fast jedes Fahrzeug Kampfspuren aufweist. Wir teilen uns die Fahrbahn mit Fußgängern, spielenden Kindern, unzähligen Fahrrad-Rikschas und Tuk-Tuks, Hunderten von klapprigen, geflickten Autos, völlig überladenen Lastwagen und einem ganzen Hummelflug von Mopeds und Motorrädern. Die totale Narrenfreiheit haben übrigens Kühe. Mein Gedanke, Kühe auf den Straßen wären eine Übertreibung anderer Reisender, hat sich nicht bestätigt. Jetzt habe ich Sorge: Hoffentlich überfahren wir keine! Sie stehen und liegen mitten auf der Straße oder grasen gemütlich am Mittelstreifen und laufen gerne knapp vor ankommenden Fahrzeugen einfach los. Als Heilige, Mütter allen Lebens, scheinen sie diese Sonderstellung gnadenlos auszunutzen und bringen den Verkehr teilweise völlig zum Erliegen, ohne mit Konsequenzen rechnen zu müssen.

Nach 27 Kilometern Fahrt haben wir uns das erste einheimische King Fisher, die populärste Biermarke Indiens, aus Plastikflaschen redlich verdient. Die Busse parken vor dem neunzig Jahre alten Guesthouse im britischen Kolonialstil, ein Paradies und eine wundervolle

Basis. Der Garten ist liebevoll angelegt, steht in voller Blüte und bildet ein Kontrastprogramm zu dem ausgesperrten Leben hinter der hohen Mauer. Nur das stetige Hupen erinnert uns noch an das Chaos und den Dreck auf den Straßen. Mrs. Bhandari ist 2007 im hohen Alter von 103 Jahren verstorben und an ihrer Stelle begrüßt uns ihre Schwester mit *„Namaste"*, einem zauberhaften, aufrichtigen Willkommensgruß mit Verbeugung und gefalteten Händen.

Wir kochen gemeinsam ein großes Abendessen und feiern unser Beisammensein. Das Leben. Diese Reise. Nur

langsam begreifen Thorben und ich, dass wir es geschafft haben. Wir sind tatsächlich in Indien, unendlich dankbar und stolz. Es ist ein unbeschreibliches Glücksgefühl, vor allem wegen Esperanza. In gewisser Hinsicht hatte mein

Freund Michi natürlich recht: Ohne Pannen war es wirklich nicht zu schaffen, und doch liegen jetzt 13.000 Kilometer gen Osten hinter uns. Nicht nur auf der Karte betrachtet eine gewaltige Strecke. Hier trennten sich die Wege der Hippies. Manche zog es in Richtung Nepal, andere nach Thailand. Amritsar ist der nördlichste Punkt auf unserer Route, die uns wie die Meisten nun 4000 Kilometer nach Süden, fast einmal längs durch das riesige Land, führen wird. Indien wartet nur darauf, entdeckt zu werden, doch noch sind wir nicht bereit dazu.

Einige eisgekühlte Flaschen Bier waren nötig, um die letzten Wochen Revue passieren zu lassen. Mit einem Kater und der Aussicht auf den Hexenkessel um uns herum verweilen wir lieber noch eine Weile im Paradies und tanken Kraft. Vögel zwitschern, übertönen die Verkehrsgeräusche, die Sonne scheint und steht bereits hoch am Himmel, als wir uns ein üppiges Frühstück mit Spiegelei, Toast, Marmeladen und Honig, richtigem Kaffee, Tee und frisch gepresstem Orangensaft an einer Tafel aus zusammengewürfelten Campingtischen im Garten gönnen. Es dauert nicht lange und das schwere eiserne Tor des Guesthouses öffnet sich. Insgesamt rollen an diesem Tag vier Fahrzeuge auf den Hof. Wir treffen Linda und Raphael wieder, denen wir das letzte Mal in der Türkei begegnet sind. Udo, Ursel, Nicole und Roland kennen wir noch nicht, dafür kommen mir ihre Namen sehr bekannt vor: aus den dicken Polizeibüchern in Pakistan. Alle sind sie unversehrt, aber erschöpft. Es gibt viel zu erzählen von den letzten Wochen. Der Tisch ist mittlerweile lang wie eine Landebahn und zieht sich durch den ganzen Garten.

Mit der Dunkelheit wird es frisch und alle wechseln in den kahlen Aufenthaltsraum, in dem schon das Kaminfeuer knistert und nicht nur wohlige Wärme, sondern auch Gemütlichkeit verbreitet.

Die Angestellten erweisen sich als ausnehmend charmant und freundlich und sind bestrebt, es uns so angenehm wie möglich zu machen. Sie tragen unzählige klappernde Metallschüsselchen herein und bedecken den schweren schwarzen Holztisch vollständig mit indischen Spezialitäten: Gemüse- und Fleischcurrys, Linsensuppe, Hähnchen in Safransoße, *Paneer,* einem handgemachten Käse, diversen scharfen Soßen, Salat, Reis und *Naan*-Brot mit Butter und Knoblauch. Es ist fast unmöglich, sich zu entscheiden. Ich nehme einfach eine Mischung vom allem und dieses Durcheinander lässt mich voll und ganz in die indische Geschmackswelt eintauchen. Dank der *Raita,* eines Joghurt-Gurken-Dips, der eine kühlende Wirkung hat, lässt sich die Schärfe wunderbar abmildern. Das letzte Brennen im Hals lösche ich mit Lassi, einem kalten Fruchtjoghurtgetränk. Ich bin sehr erleichtert, doch nicht in Indien verhungern zu müssen.

Geprägt von der britisch-gepflegten Konversation unterbricht man uns nur gelegentlich: *„Mister, would you like more tea?"*. In Indien ist die Verständigung kein Problem. Englisch ist ein Überbleibsel der Kolonialzeit und bildet zusammen mit Hindi die beiden überregionalen Amtssprachen. Der indische Akzent zaubert uns immer wieder ein Lächeln ins Gesicht, genauso wie das berühmte Kopfwackeln. Diese Geschmeidigkeit müsste anatomisch gesehen auf einen zusätzlichen Halsmuskel hindeuten, beobachtet man die Bewegungsfreiheit der indischen Bevölkerung. Es bedarf einiger Übung, jene Bewegung zu verstehen, denn sie hat je nach Situation eine vollkommen andere Bedeutung. Wackelt der Kopf von links nach rechts, kann dies nicht mit unserem gängigen Kopfschütteln gleichgesetzt werden, sondern entspricht einer Bejahung im Sinne von: ich verstehe, möglich, oder gut. Je ausgeprägter und länger das Schwingen von Schulter zu Schulter ist, desto mehr Verständnis und Interesse wird gezeigt. Inder sind also keinesfalls, wie wir anfangs vermutet haben, notorische *Ja*-Sager, tatsächlich vermeiden sie damit eine klare Position und zwingen das Gegenüber, sich selbst eine Interpretation zurechtzulegen. *Nein* wiederum wird dargestellt mit einem ruckartigen, kurzen einseitigen Nicken, das aber auch *Komm mit!* oder, schräg nach oben ausgeführt, *Was ist?* bedeuten kann. In der Regel kommt ein *Nein* jedoch recht selten vor, da es als unhöflich und zu bestimmt gilt. Überraschend ist, dass es ansteckend ist und wir uns dabei erwischen, unbewusst selbst schon mit dem Kopf zu wackeln.

Aus einem faulen Tag werden zwei, drei und irgendwann höre ich auf, sie zu zählen. Wir baumeln in den Hängematten, lesen oder schlafen, spielen Federball und genießen den Flair der Kolonialzeit. Mittlerweile perfekt aufeinander eingespielt, müssen wir mit den Jungs gar nicht mehr viel reden und läuten die Abende schon rituell ein: drehen die Musik lauter, setzen uns vor die Busse und spielen Karten – bis spät in die Nacht hinein. Ein Ort, an dem man sich richtig wohl fühlt, sollte ausgiebig und möglichst lange genossen werden. Genau einmal in der gesamten Zeit schaffe ich es, mich aufzuraffen, kehre die Wüste aus dem Bus, spüle das Geschirr, trage den Müll vor die Tür und verfalle danach wieder in Lethargie. Für die Handwäsche unserer staubigen Kleidung, Handtücher, Bettwäsche und des Teppichs fehlt mir der Antrieb und ich gebe alles zum hauseigenen Laundry Service. Ansonsten ist der Tagesablauf stets der gleiche, doch langsam beginnt sich in mir eine gewisse Unruhe breitzumachen, endlich dieses gigantische Land kennenzulernen.

Nur etwa fünf Kilometer entfernt, aber einmal mitten durch die Millionenstadt Amritsar, befindet sich das größte und wichtigste Heiligtum der Sikhs: der Goldene Tempel. Dort wollen wir hin, doch diesmal ist Lucy nicht fahrbereit. Der Schweizer Bus verliert Bremsflüssigkeit. Wir belohnen daher die Geduld von Narinder, der schon seit unserer Ankunft mit seiner Fahrradrikscha vor dem Guesthouse verweilt und auf ein paar Rupien hofft. Der junge Inder ist spindeldürr und scheint nur aus Haut, Muskeln und Knochen zu bestehen. Ich bin mir sicher, er würde es schaffen, fünf Personen zu befördern, aber das kann ich mit meinem Gewissen nicht vereinbaren. Ich rufe noch zwei weitere Fahrer dazu und es geht los durch eine verrückte, typisch indische Stadt. Über hundert Kilogramm auf der Rückbank muss Narinder bewegen. Er tut mir richtig leid und ich schäme mich dafür, seine Dienste in Anspruch zu nehmen. Wenn es zu steil wird, springen Thorben und ich heraus und schieben mit, was den fröhlichen Mann sehr freut und ihm immer wieder

ein Lächeln entlockt.
Die schneeweiße Palastanlage hat je ein Tor an allen vier Außenseiten und symbolisiert mit dieser Bauweise die Offenheit der Sikhs gegenüber jedem – ungeachtet der Religion, des Geschlechts oder der Hautfarbe. Alle sind gleich und willkommen. Bis zu 80.000 Menschen werden tagtäglich aufgenommen, mit einfachem Essen verköstigt und bis zu drei Nächte lang beherbergt. Kostenlos. Das ist wahre, beispiellose Gastfreundschaft und bedingungslose Nächstenliebe.

Nachdem wir mit den herumliegenden orangenen Kopftüchern unsere Haare verdeckt, Schuhe an der unübersichtlichen Garderobe abgegeben und in einem Bassin den Schmutz von den Füßen gewaschen haben, steigen wir eine Marmortreppe empor und schreiten durch die Arkade. Vor uns breitet sich ein 130 Meter langer, quadratischer Pool mit dem wunderschönen Namen Amrit Sarovar, Nektarsee, aus, von dem sich auch der Stadtname Amritsar ableitet. In seiner Mitte, auf einer Insel gelegen, strahlt der Tempel, das Herzstück der gepflegten Anlage. Die Sonnenstrahlen brechen sich in dem Blattgold, das goldene Licht spiegelt sich auf der silbrig-schimmernden Oberfläche des Wassers. Über Lautsprecher schallen aus allen Richtungen meditative Gesänge, was die eindrucksvolle, friedliche Stimmung noch unterstreicht. Es ist kaum zu glauben, dass es inmitten von Lärm, Schmutz und Abgasen einen Ort wie diesen gibt. Eine Stätte der absoluten Ruhe und vollkommenen Schönheit. Wir schließen uns den vielen Pilgern an und schreiten im Uhrzeigersinn um das Becken. Ich

schwebe förmlich über den Marmorweg, während mich eine Gänsehaut nach der anderen überkommt. An den vielen Badestellen machen Sikhs halt, die man an ihren Turbanen und langen Bärten erkennt, verschwinden bis zum Bauchnabel im See, nehmen ihre heiligen Waschungen vor und trinken das Wasser sogar. Ihrem Glauben zufolge hat es Heilkräfte – nicht nur alle Krankheiten werden besiegt, auch das persönliche Karma verbessert sich. Am Westufer führt eine Brücke, ebenfalls aus weißem Marmor, auf die Insel und ins Innere des strahlenden Bauwerks. Die Warteschlange ist lang und es herrscht großes Gedränge. Jeder möchte hinein, seine Opfergaben überreichen, beten und meditieren. Die Lieder laufen nicht vom Band. Stattdessen rezitieren die hochgeschätzten *Ragis* Verse aus dem heiligen Buch der Sikh, dem *Adi Grant*, von Streichinstrumenten, den *Sarangis*, musikalisch untermalt. Wir genießen die friedliche und überwältigende Stimmung so lange, bis die Sonne langsam gen Horizont sinkt. Nun leuchtet der prächtige Tempel orange auf und erscheint

noch überirdischer. Das heilige Buch wird jetzt wie jeden Abend auf einer Sänfte herausgetragen und zur Nachtruhe unter einen Baldachin gebettet. Die Anlage wird gereinigt und das Tempelinnere sogar mit Milch gewischt.

Narinder und die anderen Fahrer haben die ganze Zeit gewartet und kutschieren uns noch über einen großen Umweg in das Werkstattviertel, damit wir Ersatzteile kaufen können, bevor es zurück zum Guesthouse geht.

Der Ausflug hat uns richtig motiviert und unsere Lust auf Abenteuer neu entfacht. Wir wollen mehr von Indien sehen und erleben und nehmen daher nach fast einer Woche Erholung und mit frisch gewaschener Wäsche Abschied von Udo, Ursel, Roland, Nicole, Linda und

Raphael und rollen gegen Mittag vom Hof.
Langsam tasten wir uns voran und versuchen, ein Gefühl für den Verkehrsfluss zu bekommen. Das Navigationsgerät wirft das Handtuch und lässt uns hängen. Doch auch die Hippies haben den Weg nach Goa gefunden und wir fahren wie in den alten analogen Zeiten nach Landkarte und Kompass. Dafür funktioniert unser neues Warnsystem wunderbar. Markus hat gestern Ersatzteile für Lucys Bremsen gekauft und Thorben die beste Voraussetzung, um sich bemerkbar zu machen: ein Signalhorn aus der LKW-Abteilung, das ordentlich Krach und, noch viel wichtiger, nötigen Eindruck und Platz macht.

Leider findet sich nicht rechtzeitig ein Stellplatz, aber dank der neuen Zusatzscheinwerfer kommen wir gut durch die Dunkelheit und entdecken an einem Flusslauf bei Harike einen weiteren Sikh-Tempel. Kaum haben wir die Fahrzeuge verlassen, werden wir zur Attraktion: umringt, angestarrt, mit Fragen überhäuft und von jeder Handykamera verewigt. Eine alte Frau zerrt ihre kleine Enkelin zu mir, redet auf sie ein, bis sich das Mädchen traut, mir die Hand zu schütteln. Kaum ist sie wieder in sicherer Entfernung, die Oma zufrieden, bekomme ich noch ein Lächeln geschenkt, bevor sich die beiden winkend umdrehen und in der Dunkelheit verschwinden. Als alle Neugierde gestillt ist, bereiten wir zwischen den Bussen unser Abendessen vor, das wir unterwegs auf einem kleinen Markt für wenige Cent besorgt haben. Während ich in der Küche aus Blumenkohl, Kartoffeln, Zwiebeln, Rettichen und Möhren ein Gemüsecurry koche, erscheint ein Mann an der geöffneten Hintertür. Es ist ein ganz und gar traditionell gekleideter Sikh, zu erkennen an dem langen Bart und dem Turban, unter dem sich ein Kamm und sein Haar, das von Geburt an wächst und nicht geschnitten wird, verstecken. Er scheint ein Krieger zu sein, denn er trägt nicht nur die *Chola* – eine Art Robe mit weitausgestelltem Rock, um beim Kampf möglichst viel Bewegungsfreiheit zu haben – und die *Kachera* – eine Unterhose, die bis zu den Knien reicht –, sondern ist auch bewaffnet.

Nur zu gerne hätte ich mehr über den Sikhismus erfahren, die Offenheit allen Menschen gegenüber, aber er spricht kein Englisch. Wir behelfen uns mit Handzeichen und seines deute ich als *Schlafen*. „Ja, wir schlafen im Bus", antworte ich und zeige auf die Sitzbänke. Meist klappt es ganz gut mit der wortlosen Kommunikation, wenn die Sprachen nicht harmonieren. Nur heute nicht, denn er klettert zu mir herein, setzt sich auf die Bank und zieht die Vorhänge zu. Er will tatsächlich bei uns übernachten. „*Money*?" Ein Wort, das erstaunlicherweise rund um den Globus funktioniert, unterbricht die Stille. Ich beantworte seine Frage mit einem Nein, schüttle zum Nachdruck meinen Kopf. Langsam wird mir die ganze Begegnung richtig unangenehm. Die Sikhs legen größten Wert auf eine tugendhafte Lebensführung – was auf meinen Besucher offenbar nicht zutrifft. Er hört nicht auf, mich anzustarren, rutscht immer näher, und fängt auch noch an, sich in den Schritt zu fassen, wo ihn doch spätestens jetzt die spezielle Baumwollhose an die Kontrolle der Lust erinnern sollte. Anfangs war ich noch perplex, doch als nun unter seinem dicken Bauch ein Dolch sichtbar wird, der am Gürtel steckt, bekomme ich Angst. Den eisernen Armreifen, der ihn daran erinnern soll, nichts Unrechtes zu tun, hat er bestimmt auch vergessen. Meine Hoffnung, jemand würde den ungebetenen, unangenehmen Gast bemerken, zerschlägt sich – Thorben und Markus sitzen immer noch seelenruhig im Fahrerhaus und trinken Bier. Ich atme tief durch, rufe um Hilfe und endlich reagieren sie und bitten den Sikh, zu gehen. Darauf genehmige ich mir auch ein Bier, und nach dem Essen, ein paar Runden Kartenspielen und lauter Partymusik ist der Schock verdaut und fast vergessen.

Es ist früh am Morgen, als Thorben bereits an Esperanza herumschraubt. Die Batterien sind leer, weil sich ein Kabel der Lichtmaschine gelöst hat. Die Jungs liegen noch in ihren Betten, haben wie immer die Nacht zum Tag gemacht und schlafen. Ich räume derweil im Bus auf, fülle die Müllbeutel und suche wie jeden Tag als Dank für die Herberge auch den Stellplatz nach Abfall ab, um ihn im besten Fall sauberer zu hinterlassen, als wir ihn vorgefunden haben. Im Gegensatz zum Rest des Landes, wo gerne einfach alles fallen gelassen wird, ist die Tempelanlage sehr sauber und gepflegt. Ich frage einen der vielen Gärtner, der gerade peinlichst genau die Hecke stutzt, wo ich den nächsten Mülleimer finde. Er lächelt mich an, nimmt mir die Tüte ab und wirft sie zu meinem Entsetzen einfach in hohem Bogen in den Fluss. Durch die Reise habe ich ein ganz neues Gespür für die Natur entwickelt und gehe bewusster mit der Umwelt um: Jetzt fehlen mir einfach die Worte.

Früher gab es in Indien kein Abfallproblem. Die Dinge

des täglichen Bedarfs wurden unverpackt verkauft, der allseits beliebte Cay in kleinen Tonbechern und das Essen in Bananenblättern eingewickelt ausgegeben. Nach dem Verzehr landete die Verpackung auf dem Boden, verrottete im Kreislauf der Natur und wurde zu Staub. Eine vorbildliche Form des Recyclings. In den neunziger Jahren jedoch hielt der Fortschritt Einzug und fortan erhielt man die gleichen Produkte knallbunt in Plastik verpackt, was die Inder seitdem wie gewohnt achtlos wegwerfen. „Das können Sie doch nicht machen. Sehen Sie sich den ganzen Müll im Wasser und am Ufer an", sage ich zu dem Gärtner und habe Tränen in den Augen. Doch er lacht nur und antwortet: „Eben. Dort ist auch der andere Abfall." Indiens Bevölkerung wächst und mit ihr die Abfallberge. Alles, was die Müllsammler nicht verkaufen können, bleibt liegen. Auf dem Gehweg, in den Büschen und eben in den Flüssen. Es fehlt an Aufklärung, Verständnis und der

Bereitschaft, etwas zu ändern – und es hakt an den lieb gewordenen Gewohnheiten. Es ist sinnlos, weiterzureden, außerdem gesellt sich in diesem Augenblick eine Schulklasse zu uns. Umringt von Kindern aus einem kleinen Dorf, die noch nie einen Ausländer gesehen haben, werde ich mit Fragen überhäuft, dann zückt der Lehrer seine Kamera für ein Gruppenfoto. Einmal darf ich zwischen den Jungs, dann inmitten der Mädchen stehen und tausche zum Abschied mit ihnen E-Mail-Adressen und Telefonnummern aus.

Einsamkeit und Privatsphäre sucht man in Indien vergebens und vor allem abseits der touristischen Pfade fallen Reisende umso mehr auf. Schlendert man durch die Straßen, drehen sich zahlreiche Köpfe nach einem um, es wird gewunken, getuschelt, gelächelt und die Handykamera gezückt und wir werden zum beliebten Fotoobjekt. Meine Sammlung an Kontakten ist bereits nach nur wenigen Tagen in Indien beträchtlich und im Zeitalter der weltweiten Vernetzung und von Social Media habe ich plötzlich Unmengen an Facebook Freunden. Der Kontakt beschränkt sich dann aber meist nur auf eine Nachricht mit *Nice to meet you.* Auf eine ausgedehnte Konversation wird weniger Wert gelegt.

Wir lassen den Bundesstaat Punjab hinter uns. Die Landschaft wird karger und weist langsam darauf hin, dass wir uns der Wüste nähern. Es gibt keine Bäume oder Büsche mehr und es wird durch die spärliche Vegetation immer schwieriger, einen Stellplatz zu finden. *Den* perfekten Stellplatz suchen wir schon lange nicht mehr, sondern sind froh, es abseits der Straße einigermaßen komfortabel zu haben, draußen zu sitzen und zu kochen und uns in der Nacht verborgen zu halten. Heute ist es ein Baumwollfeld nahe Khairekan. Dort parken wir wie immer in einer Art Wagenburg, die vor allzu neugierigen Blicken schützt und den Wind und den Sand ein wenig abhält. Die Jungs begeben sich auf die Suche nach Brennholz, da wir endlich Fleisch zum Grillen kaufen konnten. Ich spaziere derweil quer über den Acker, um den Baumwollpflückern Hallo zu sagen. Die Männer folgen mir neugierig und kurz darauf helfen sie mit, getrocknete Äste für das Feuer zu sammeln. Wir sitzen vor dem viel zu großen Lagerfeuer, die trockenen Zweige brennen wie

Zunder und sofort ist es warm und gemütlich. Gerade als ein paar magere Hühnerbeine auf dem Rost liegen, unterbricht ein immer lauter werdendes Knattern unser Gespräch und es erscheint ein Motorrad aus der Dunkelheit. Der Fahrer ist mit einer Lederjacke, Jeans und festen Schuhen bekleidet, scheint Geld und etwas zu sagen zu haben. Innerlich wappne ich mich dagegen, dass wir hier nicht stehen dürfen und weiterziehen müssen. Meine Vermutung ist nicht ganz falsch. Deepak, so stellt er sich uns vor, ist der Besitzer des Feldes. Doch er möchte, dass wir in seinem Haus übernachten. Da schon alles ausgeräumt und aufgebaut ist, lehnen wir dankend ab, kommen aber nicht umhin, seine Einladung zum Frühstück anzunehmen. Er verschwindet kurz und erscheint wenig später wieder mit seinem achtzehnjährigen Neffen Prem und einer Kanne voll mit Büffelmilch. Prem gießt die dampfende Milch von einem Becher zum anderen, um sie schneller zu kühlen, und dann darf ich endlich probieren: nussig, leicht süßlich und ausgesprochen sahnig, für uns Europäer ein Luxusgut.

Tatsächlich und pünktlich stehen Deepak und Prem um neun Uhr auf dem Feld und holen uns ab. Nur etwa einen Kilometer entfernt, am Rand des Dorfes, wohnt die gesamte 14-köpfige Familie, verteilt auf zwei Häuser inmitten eines kleinen Grundstücks: Vater, Mutter, Brüder, Schwestern und deren Männer, Frauen und Kinder. Ein paar Meter weiter steht ein Esel am Straßenrand, angebunden zwischen Schutt und parkenden Autos, daneben etwas Futter. Viel zu wenig, wie sein knochiger Körper erkennen lässt.

Deepak zeigt uns sein Haus, das eigentlich nur aus drei kleinen Räumen besteht: einem im Erdgeschoss und zwei andere darüber. Möbel gibt es fast keine. Kaum vorstellbar, dass all die Menschen in dieser Enge ohne jegliche Privatsphäre Platz finden. Das erklärt auch, warum die Inder so unempfindlich für Nähe und Lärm sind und miteinander klarkommen.

Ich werde kurzerhand von den weiblichen Angehörigen ins Schlafzimmer entführt und darf in dem Hochzeitsalbum unseres Gastgebers und seiner Frau Kiran blättern. Keine Feier in Indien übertrifft den Aufwand, Prunk und die Kosten einer Eheschließung. Die Zeremonie und Feierlichkeiten mit viel Essen, Tanz und Musik scheinen Tage gedauert zu haben und der Geldbeutel der Brauteltern wurde bestimmt weit über Gebühr strapaziert. Ich kann es nur erahnen anhand der Hundert Gäste, der vielen Geschenke, der schönen Kleidern der Braut und des kiloschweren Buches auf meinem Schoß. Ich erzähle den Frauen und Mädchen von meiner Hochzeit und sie strahlen mich daraufhin an, wackeln mit ihren Köpfen, wirbeln aufgescheucht durch das Zimmer und beginnen, mich wie eine verheiratete indische Frau zu bemalen und zu verzieren. Mittig zwischen den Augenbrauen klebt jetzt ein roter Schmuckstein, die obere Stirn bis zum Scheitel hinauf leuchtet feuerrot. Kiran trägt mit einer Tube rötliches Henna auf meine Handinnenflächen auf und zaubert in kürzester Zeit ein kunstvoll geschwungenes florales Mandala, das nur noch trocknen muss, so lange es geht. „Je dunkler die Farbe auf der Haut ist, desto mehr liebt dich dein Partner",

flüstert sie mir augenzwinkernd zu. Weiß sie wohl, dass Deutsche nicht so prunkvoll, dafür aber aus Liebe heiraten, frage ich mich? Noch immer werden neunzig Prozent aller Eheschließungen in Indien von der Großfamilie arrangiert. Auf der Braut lastet ein hoher Druck. Sie muss nicht nur mit einem Mann zusammenleben, der ihr kaum bekannt ist, sondern auch den hohen Anforderungen der Schwiegermutter genügen, von der sie angelernt wird und mit der sie fortan Seite an Seite im Haushalt arbeitet. Auch über Kirans Zukunft haben die Eltern entschieden. Ob sie glücklich ist, kann ich nur erahnen. Zufrieden zumindest, wenn man den hohen Stellenwert einer Großfamilie in Indien betrachtet.

Thorben und die anderen Männer sitzen vor dem Haus und trinken Zitronenwasser, während Prems Schwester Monica in der Küche, einer kleinen offenen Hütte zwischen den Wohnhäusern, verschwindet. Sie gilt vor allem im ländlichen Indien als Frauendomäne, wo kein Mann oder Fremder Zugang hat. Mit geübten Handgriffen knetet Prakash Rami, Deepaks Mutter, aus Wasser und Mehl einen Teig und formt daraus einzelne Bällchen. Das Herzstück der Küche ist der *Tandur*, ein zylinderförmiger feuerfester stattlicher Tonkrug, der im gestampften Sand eingelassen ist. Die Cousinen Kiran, Ekta und Priyanka legen getrocknete Büffelkotfladen auf den Boden des Ofens, entzünden das Brennmaterial und drücken die Teigbällchen an den glühend heißen Seitenwänden zu Fladen. In der Zwischenzeit bereitet Prem eine Dusche für uns alle vor. Das Feuer für das Wasser wird ebenso mit Büffelkotfladen angeheizt. Ich werde angewiesen, einen Eimer heißes Wasser mit in eine kleine Kammer zu nehmen, in der bereits eine Tonne mit kaltem Wasser steht. Mit einem kleinen Becher kann ich nun das Wasser mischen, bis es eine für mich angenehme Temperatur hat, und gieße es mir anschließend über den Körper. Danach sind die Männer an der Reihe.

Gegen Mittag ist das Frühstück fertig und Deepak führt Markus, Andy, Dany, Thorben und mich in das gemütliche, mit viel Kitsch vollgestellte Wohnzimmer. Ich habe einen Berg aus frischem *Chapati*-Brot erwartet, das stattdessen nur die Beilage bildet. Wir sitzen auf den Sofas und der Tisch dazwischen verschwindet förmlich unter den vielen Schüsseln und Tellerchen. Nach und nach treffen alle Familienmitglieder ein, doch anstatt sich zu uns zu setzen und mitzuessen, bleiben sie stehen und sehen uns beim Essen zu. Tatsächlich haben die Frauen stundenlang gekocht – nur zu Ehren der Gäste aus Deutschland und der Schweiz. Die Höflichkeit gebietet uns, alles bis auf den letzten Rest aufzuessen.

In Indien ist es keine Seltenheit, dass das Familienoberhaupt auf seinem Moped drei, vier oder gar fünf Personen transportiert. Esperanzas äußerstes Fassungsvermögen beträgt neunzehn Personen. Wir, die gesamte Familie Nadha und unsere Schweizer Freunde fahren Richtung Sirsa – zum Hauptsitz der religiösen Gruppe *Dera Sacha Sauda*. Sie organisiert Kampagnen für Vegetarismus und den Kampf gegen Drogenabhängigkeit, nimmt sich sozialer Probleme an, bereitet beispielsweise Hochzeiten für arme Paare vor und stellt Essen und Medizin für Bedürftige. Selbst Sehtests und ganze Operationen werden hier kostenlos durchgeführt. Gemeinsam gehen wir durch die Anlage in eine Halle, meditieren dort mit fünfhundert Menschen, angeleitet vom geistlichen Führer Gurmeet Ram Rahim Singh Ji, und wechseln im Anschluss in ein überdimensionales Zelt, das mit etwa 15.000 Menschen darin aus allen Nähten zu platzen scheint. Streng nach Geschlechtern getrennt, setze ich mich zwischen all die Frauen auf den Boden und bin gespannt, was mich hier erwartet. Jeder erhält einen kleinen Becher, gefüllt mit einer rosafarbenen Flüssigkeit, die nach einem Gemisch aus Seife und Hubba-Bubba schmeckt. Als der Guru mit seinen Leibwachen erscheint und auf seinem Thron Platz nimmt, springen alle auf. *Ji* beginnt zu singen und aus den eben noch stillen Anhängern wird eine wilde Partymeute. Alle tanzen, lachen und stimmen in seinen lieblichen Gesang mit ein. Wir werden eins mit den vielen Menschen, bis sich das Oberhaupt erhebt und in sein Mikrofon spricht: *„My dear friends, let us welcome our guests. Markus, Andy, Dany, Thorben and Michi from Switzerland and Germany."* Plötzlich werden *wir* gefeiert und von Fotografen umringt. Die Leibwächter eilen herbei, führen uns aus dem Zelt, durchsuchen uns und bitten uns, der Reihe nach auf dem Boden zu knien. Als ob das alles nicht schon skurril genug ist, öffnet sich ein Tor und ein kleiner blauer Sportwagen mit einem überdimensionalen Heckspoiler fährt auf uns zu, gefolgt von einer Armee Leibwächter. Am Steuer sitzt *Ji* höchstpersönlich, sein Ellenbogen hängt lässig aus dem geöffneten Fenster. Die Flügeltür öffnet sich und vor uns steht der extravagante Guru mit dem wallenden schwarzen Haar, buschigem Vollbart und einem breiten Lächeln. Mit seinem quietschbunten kurzärmligen T-Shirt, der wild bedruckten Jeanshose und dicken funkelnden Goldketten, die über seinem runden Bauch baumeln, wirkt er wie ein Popsänger oder Hauptdarsteller eines Bollywood-Movies – was er tatsächlich auch einmal war. Er bittet uns zu einer Audienz, was uns völlig baff macht. Nur Markus verschlägt es die Sprache nicht. „Was ist der Sinn des Lebens?", ist seine überaus kluge Frage.

„Jeder soll das Recht auf Glück im Leben haben und niemanden in seiner Entfaltung und seinen Ansichten hindern." Welch weise Worte von einem geistlichen Führer, der wenige Jahre später von einem Gericht wegen der Vergewaltigung zweier Frauen zu zwanzig Jahren Haft verurteilt wird.

Auf dem Weg zum Ausgang führt man uns in eine dunkle Ecke, in der sich ein kleines Büro befindet. Jeder erhält einen Stift mit der Bitte, einen Zettel auszufüllen. Ich beginne, Namen und Anschrift zu notieren und werde spätestens bei der Frage nach meiner Blutgruppe stutzig. Für die Familie ist Guru *Ji* auf einer Stufe mit Gott, doch mich beschleicht mehr und mehr der Gedanke, in einer

Sekte gelandet zu sein und gerade das Aufnahmeformular auszufüllen. Den Punkt *I had read and understood all 47 rules of the organisation,* die unter anderem beinhalten, weder Alkohol oder Zigaretten zu konsumieren, noch Fleisch zu essen, kreuze ich nicht an und auch die Unterschrift verweigere ich. Trotzdem hängt nun eine Kette mit der Mitgliedsnummer 12310770 um meinem Hals.

Nachdem er sich nach möglichen Zuhörern umgesehen hat, verrät uns Deepak flüsternd: „Ich bin der Einzige in der Familie, der diese Organisation nicht mag. Ich möchte mein Leben selber bestimmen." Das Leben in einer großen Gemeinschaft birgt immer Unstimmigkeiten, arrangiert oder nicht. Wir verlassen gemeinsam mit ihm das Camp und fahren an den Stadtrand von Sirsa. Hier zieht es Deepak hin, wenn er niedergeschlagen ist und rebelliert. „Ich habe der Familie gesagt, wir kaufen Gemüse für das Abendessen ein", beichtet er uns. Stattdessen sitzen wir in einem Restaurant, bestellen Bier und Chicken-Curry,

rauchen eine nach der anderen – und teilen von nun an ein Geheimnis.

Am nächsten Tag trennen sich unsere Wege erst, als wir uns zu einem weiteren opulenten Frühstück überreden haben lassen. Wir verabschieden uns von Familie Nadha. Meine Neugierde ist zu groß und so frage ich Prem doch, warum sie das alles für uns gemacht haben. „Es ist unsere Kultur, Reisende mit größter Liebe als unsere Gäste willkommen zu heißen und zu versuchen, ihnen bedingungslos zu dienen, so gut wir können. Ihr seid in unser Land gekommen, um es zu genießen, und da ist es unsere Pflicht, euch ein Gefühl von Zuhause zu geben, die indische Küche und unsere Kultur näherzubringen und eure Reise noch besser zu machen. Wir hoffen, dass ihr gute Erinnerungen an uns und unser Land mit in die Heimat nehmt. Wir sind glücklich über euren Besuch und ihr seid jederzeit wieder herzlichst willkommen." Als ich ihn zum Abschied freundschaftlich umarme, fallen mir zum ersten Mal seine Hemmungen Frauen gegenüber auf. Auch wenn er sich darüber freut, so ist es ihm doch unangenehm und er weiß nicht recht, wie er sich verhalten soll. Für den traditionellen indischen Mann spielt sich Nähe zum anderen Geschlecht nur in der Ehe ab. Selbst in den Bollywood-Filmen endet die Zuneigung bei einem langen, innigen Blick.

Wir rollen auf die Straße, vorbei an dem Esel, der die letzte Nacht nicht überlebt hat, und bekommen den Krieg auf Indiens Straßen mit voller Breitseite ab. Das Straßennetz zeigt sich in einem erbärmlichen Zustand. Eine Fahrbahn ist wegen Bauarbeiten gesperrt, es wird jedoch keine Umleitung eingerichtet, sondern der Verkehr teilt sich wie selbstverständlich die verbliebene Spur und die Fahrer werden dadurch zu gefährlichen Überholversuchen verführt. Die Straße ist gesäumt von halb verrosteten,

schwer deformierten Karosserien, die als stumme Zeugen vergangener Unfälle dort verweilen. Eine ganze Weile geht alles gut, bis ein Reisebus Lucys Außenspiegel abreißt. Keine hundert Meter weiter schlängelt sich ein übermütiger Motorradfahrer links an uns vorbei, während von rechts ein Traktor drängelt. Thorben hat die Wahl und entscheidet sich – entgegen der Grundregel *Der Größere hat recht* – dafür, lieber die Landmaschine zu touchieren. Auf einen lauten Knall hin verabschieden sich auch unser Spiegel, der Blinker sowie die Türhalterung samt Griff und Dichtungen. Mein Herz schlägt wie verrückt und am starken Heben und Senken von Thorbens Brustkorb erkenne ich, dass auch er vor Anspannung vergessen hat zu atmen.

Statt uns mit Beschuldigungen zu konfrontieren, schwärmen unzählige Menschen aus und sammeln Esperanzas Einzelteile auf. Ein Unfall, der zum Glück in jeglicher Hinsicht glimpflich ausgeht. Ich habe großes Vertrauen in Thorbens Fahrkünste, aber weil unser Oldtimer nicht mit Anschnallgurten ausgestattet ist, kralle ich mich eigentlich ständig am inneren Türgriff fest. Die Beifahrertür hängt jetzt nur noch provisorisch in den Angeln und kann jederzeit herausfallen. Seit wir europäische *Left-hand-driver* im Linksverkehr sind, braucht Thorben auf vielbefahrenen und belebten Straßen stets meine Hilfe. Ausflüge bei voller Fahrt in die Küche oder das Bad sind ausgeschlossen. Bei Überholmanövern wäre es ohne einen aufmerksamen Beifahrer ein lebensgefährliches Glücksspiel – und so hört sich unsere Kommunikation im Fahrerhaus in etwa so an: „Kann ich?" – „Ist frei ... ähhh ... freilich kommt jemand." Ich komme also gar nicht in den Genuss, mich einfach in die Mitte der Sitzbank zu setzen oder ein Nickerchen zu halten. Schließlich muss ich jetzt auch noch den Blinker spielen – ohne dabei die Tür auf die Straße zu werfen. Beim Anblick eines ausgebrannten LKWs, der im Graben liegt, frontal mit einem tonnenschweren, vollkommen überladenen Laster zusammengestoßen, sind wir heilfroh, so glimpflich davongekommen zu sein. Wir krachen in Schlaglöcher und werden an den unmöglichsten Stellen ohne Vorwarnung von *Speedbreakern* durchgeschüttelt. Diese Schwellen sollen zum langsamen Fahren zwingen und reihen sich auch schon mal zu acht aneinander. Das grelle Sonnenlicht und Schatten auf der Fahrbahn lassen sie uns meistens erst im letzten Augenblick erkennen und fordern somit noch mehr Aufmerksamkeit. Thorben darf keinen Moment seinen Blick von der Straße abwenden, denn das Übersehen kann einen Achsbruch zur Folge haben. Ein ganz besonders geschickt platziertes Exemplar, weit abgelegen und in einer Kurve hinter einer Bergkuppe, kostet Esperanza eine Blattfeder. Die ist nicht so einfach aufzutreiben, aber Spiegel und Blinker sind selbst im kleinsten Dorf zu finden. Für 60 Rupien, umgerechnet einen Euro, bekommen wir neue. Dafür versucht ein eifriger Polizist, uns einen Strafzettel in Höhe von 200 Dollar wegen Falschparkens aufzubrummen. Dank des erhöhten Adrenalinspiegels der letzten Stunden steigen wir einfach in die Busse und machen uns sprichwörtlich aus dem Staub.

Indien raubt einem den Atem. Die Meinung von Indienreisenden geben nur zwei Extreme als Antwort wieder: Entweder man liebt oder hasst dieses Land. Für die einen ist es eine einzige Belastung, für andere birgt es wunderbare Eindrücke, die auf einen einprasseln, und zählt zu den schönsten und kontrastreichsten Zielen auf unserem Planeten. Wäre ich mit dem Flugzeug nach Indien gereist und würde nun an dieser vielbefahrenen Kreuzung stehen, wo ich vor lauter Lärm mein eigenes Wort nicht mehr verstehen kann, das unvorstellbare Elend und die Armut allgegenwärtig sind, Menschen sich ungeniert auf der Straße erleichtern und uns vor die Füße spucken, das Kribbeln in meinem Bauch wären keine Schmetterlinge. Doch Indien hat mir auf den ersten Blick mit seiner intensiven Farbenpracht, den überwältigenden Widersprüchen und Gegensätzen, einer unvergleichlichen Geräuschkulisse, der Kultur, Lebensfreude, den exotischen Gerüchen und leckerem Essen die Sinne vernebelt und mich in seinen Bann gezogen.

Zwischen Idylle und Lebensgefahr, Genuss und Durchfall liegen oft nur Sekunden. Anfangs ließ ich das Wasser im Topf immer zwanzig Minuten kochen, um wirklich alle

Keime abzutöten. Mittlerweile haben wir unsere Bedenken über Bord geworfen und lieben es, am Straßenrand zu sitzen, mit den Händen zu essen und zwischen den Fahrstrecken nicht kochen zu müssen.

Mitten im Verkehr qualmt es aus offenen Kesseln der Garküchen, um die ein großes Gedränge herrscht. Geschickt wird Teig geknetet, hauchdünn ausgelegt und mit einigen Löffeln Kartoffeln, Zwiebeln und Erbsen oder Kichererbsen gefüllt, zu Dreiecken gefaltet und in siedendem Fett frittiert. Für ein paar wenige Rupien genießen wir die goldbraunen knusprigen *Samosas* mit einer scharf gewürzten, aus zerkleinerten Früchten bestehenden süßsauren Soße und trinken einen gewöhnungsbedürftigen frisch gepressten Orangensaft mit Salz – eine standardisierte Elektrolytlösung vorbeugend gegen Durchfall und Erbrechen. Dann steigt mir plötzlich der Geruch von etwas Süßlichem in die Nase. Der alte Mann am Stand nebenan empfängt mich mit einem breiten Lächeln und erklärt und zeigt mir, wie er die beliebte Süßigkeit herstellt. Der Ladeninhaber füllt einen Spritzbeutel und quetscht den Teig spiralförmig in das heiße Öl. Die Kringel kommen in eine Schüssel mit dickem Zuckersirup und dann beiße ich in die noch warmen, klebrigen *Jalebis.*

In Bhiwani, hundert verbliebene Kilometer vor Delhi, geben wir auf. Mit Einbruch der Dunkelheit wird das Fahren zum russischen Roulette. Die Busse parken neben einem kleinen Restaurant, ein offener Raum mit unverputzten Mauern und einem Dach aus Wellblech, einen

Steinwurf von der Hauptstraße entfernt. Im hinteren Teil befindet sich die Küche, eine provisorische Kochstelle, um deren schwere, verkrustete Kochtöpfe dicke Fliegen schwirren. Keine fünf Meter von uns entfernt wird gerade ein Huhn geköpft. Überall ist Blut, Federn fliegen durch die Luft. Die Straßenhunde streunen über den Platz, glücklich über die Abfälle, und liefern sich untereinander wilde Kämpfe um die Innereien und etwas später um die Knochen.

Die Dichte der Häuser und der Bevölkerung hat schlagartig zugenommen. Es ist lauter, was dem extremen Verkehr geschuldet ist, denn es wird ununterbrochen gehupt. Tausende Tuk-Tuks und Roller zwängen sich zwischen Bussen, Autos und Kühen hindurch. Die Sonne ist nur noch hinter einer Smogwolke als Lichtquelle zu erkennen und es stinkt – eine Mischung aus Abgasen, Essensgeruch, Unrat und Fäkalien. Wir haben Delhi erreicht.

An einer roten Ampel rennen bettelnde, halbnackte Kinder zwischen den Fahrzeugen umher und klopfen an die Seitenscheiben, Aussätzige heben die Lumpen, um ihr Leiden zu zeigen. Ihre Behausungen liegen direkt am Fahrbahnrand – ein wuchernder Gürtel von einfachen Zelten aus Plastikplanen, Papp- und Holzbauten. Eine Konfrontation mit dem hoffnungslosesten Gesicht Indiens.

Ich reiche ihnen durch das Fenster Kleidung und Kleingeld hinaus. Man kann leider nicht jedem etwas geben, was mir fast das Herz zerreißt, aber das ist noch lange kein Grund, keinem zu helfen. Als fast noch schlimmer empfinde ich es, dass mich dieser Anblick nicht mehr schockiert. Wir haben in den letzten Wochen so viel Armut gesehen – es ist ein gewohntes, alltägliches Bild geworden. So scheint es auch der Parallelgesellschaft zu gehen. In direkter Nachbarschaft liegt das glänzende neue Indien: Villenviertel, bewachte Wohnanlagen und Shoppingmalls. Infolge des jährlichen Wirtschaftswachstums von mehr als fünf Prozent gedeiht die Mittelschicht im Land. Dennoch verdienen rund dreißig Prozent der Bevölkerung immer noch weniger als einen US-Dollar pro Tag und 300 bis 350 Millionen Menschen leben in Armut. Die Zahlen liegen sogar noch höher, wenn man Armut nicht am Einkommen misst, sondern an der Erfüllung von Grundbedürfnissen wie Zugang zu sauberem Trinkwasser oder einer Unterkunft.

„Warum begehren die Armen nicht auf? Es müsste doch immense Spannungen aufgrund der Einkommensunterschiede und lebensbedrohender Armut geben! Sie sind schließlich in der Mehrheit!" Ich stelle Thorben diese Fragen, obwohl ich die Antwort schon kenne. Die Hinnahme einer Lebenssituation als Ergebnis von Kräften, auf die man keinen Einfluss hat. Kurzum: Schicksal. Die Wurzeln liegen in der tiefen Religiosität und Spiritualität Indiens, das die zwei Weltreligionen Hinduismus und Buddhismus hervorgebracht haben. Der Ursprung allen Übels ist ein allseits akzeptiertes, vom Schicksal gegebenes soziales Ordnungsprinzip – die gesellschaftliche Einteilung in Kasten. Obwohl bereits zu Beginn der Unabhängigkeit offiziell abgeschafft und von der *Großen Seele Indiens*, Mahatma Gandhi, vehement kritisiert, bleibt es doch als soziales Ordnungsprinzip weithin wirksam. Fast alle Armen gehören entweder zu den *Scheduled Castes*, also den untersten Kasten, oder zu den kastenlosen *Dalits* sowie den *Adevasi*-Ureinwohnern. Traditionell sind ihnen viele Berufe verwehrt, oft leben sie sogar außerhalb der Dorfgemeinschaften. Für uns Europäer ist nicht erkennbar, wer welcher Kaste angehört. Es ist kaum zu verstehen und noch schwerer zu akzeptieren. Doch die Menschen ergeben sich keinesfalls immer in ihr Schicksal – wo sie Chancen erkennen, tun sie alles, um ihre Verhältnisse und die ihrer Kinder zu verbessern, aber gleichzeitig nehmen sie auch hin, dass bestimmte Gegebenheiten unveränderlich sind.

Fast banal erscheint dagegen, was nun passiert. Im Vergleich zum allgegenwärtigen Leid weckt es nur noch ein müdes Lächeln bei uns. Thorben wechselt den Gang und es beginnt aus dem Fußraum zu qualmen und zu stinken. Zu Esperanzas defektem Anlasser gesellt sich auch noch eine kaputte Kupplung. Sofort versammelt sich die gewohnte Menschentraube um den Bus. Doch anstatt Fragen zu stellen oder ein Foto zu schießen, will jeder helfen. Einer von ihnen nutzt die günstige Gelegenheit, greift in einem unbeobachteten Moment neben das Lenkrad, steckt Thorbens I-Phone ein und verschwindet. Der Polizist kann hier nicht viel anrichten, gibt uns aber seine Visitenkarte, falls wir mal anderweitig Hilfe benötigen. Wir verzichten auf eine Strafverfolgung, weil wir im Grunde selber schuld sind, ein Telefon im Wert eines Monatslohns offen herumliegen zu lassen. Ich kann denjenigen sogar verstehen. Wer weiß, welche Not ihn dazu getrieben hat. Zwar ist es nicht der beste Zeitpunkt, ohne Telefon zu sein, aber finanziell können wir das verschmerzen, haben jemanden glücklich gemacht und können dank abermaliger Dummheit eine neue Erfahrung verbuchen.

In den vielen umliegenden Werkstätten kann dieses Mal leider niemand helfen. Wir kommen nicht umhin, uns zum nächsten Mercedes-Händler abschleppen zu lassen, und organisieren mithilfe des Beamten einen Transporter, der uns dort hinbringt. Keine zehn Minuten später erscheint der Truck, Esperanza bekommt einen breiten Holzbalken unter die Stoßstange und wird, das Hinterteil nur noch wenige Zentimeter vom Asphalt entfernt, per Seilzug einen Meter angehoben. Mit bester Sicht im Fahrerhaus lassen wir uns nun durch Indiens Hauptstadt ziehen. Es sind die aufregendsten fünfzehn Kilometer meines Lebens: wir schaukeln, es knarzt und kracht in jedem Winkel und jeder *Speedbreaker* treibt uns den Schweiß auf die Stirn. Auf dem Parkplatz der Werkstatt angekommen, werden wir langsam abgelassen – direkt in die aufgestapelten Eier einer Straßenküche.

Der Chef höchstpersönlich nimmt uns in Empfang, die großen automatischen Eingangstüren gleiten zur Seite und er führt uns durch das moderne, vollverglaste Gebäude in sein klimatisiertes Büro. „Wie schön. Endlich kann ich wieder deutsch reden. Das letzte Mal war es vor

35 Jahren, dann bin ich wieder nach Indien zurückgekehrt." Unsere Muttersprache setzt für einen Moment aus. Das haben wir nicht erwartet. „Die Kupplung wird ausgebaut, zerlegt und die beschädigten Teile werden ersetzt. Zu 99 Prozent bekommen wir alles in Delhi, da die Marke Mercedes in Indien als *Tata* lizenziert nachgebaut wird. Ansonsten müssen wir in Deutschland bestellen. Ich melde mich bei euch."

Ursprünglich stand Delhi nicht auf der Route, da aber Markus seine Freundin Seraina hier am Flughafen abholt, ist aus Pech Glück geworden. Woanders würde die Ersatzteilbeschaffung nicht so einfach sein. Um nicht an den Autoabgasen zu ersticken, nehmen wir ein Taxi zum Hotel, in dem bereits unsere Freunde warten, und sind sofort von Rauch umhüllt. Der Fahrer hat das gesamte Armaturenbrett mit brennenden Räucherstäbchen geschmückt. Bei geschlossenen Scheiben. Wie ein Geschenk des Himmels scheint es, als am Straßenrand das goldene M von McDonald's in der Dunkelheit aufleuchtet. Glücklich, das Taxi zu verlassen, und voller Vorfreude auf eine saftige Rindfleischbulette stürmen wir hinein, um wenig später ernüchtert in einen Maharashtra-Burger zu beißen. Natürlich verkauft das amerikanische Fast-Food-Restaurant wie auch Pizza-Hut und Subway in Indien ausschließlich vegetarische Gerichte. Das haben wir in unserer Euphorie komplett vergessen. Die Kuh ist schließlich heilig und uns wird nun bewusst, dass wir als bekennende Fleischfresser noch eine längere Zeit auf ein leckeres Steak verzichten müssen.

Die Unterkunft im Viertel Mahipalpur stellt sich als günstige Absteige heraus. Der Name Paradise International weckt Hoffnung und lässt sie beim Betreten des Zimmers wie eine Seifenblase zerplatzen. In dem dunklen, muffigen Raum befinden sich zwei klapprige, zusammengestellte Betten mit steinharten Matratzen, deren Bezüge mit undefinierbaren Flecken übersät sind. Auf den blassrosa gestrichenen Wänden, die dünn wie Papier zu sein scheinen, kleben tote Fliegen. Die Fensterscheiben sind zerbrochen und die monotonen Geräusche der achtspurigen Autobahn und die Kälte der Nacht dringen ungehindert hindurch. Wir vermissen Esperanza. Wie sehr uns die alte Dame mit ihren Macken Kilometer für Kilometer mehr ans Herz gewachsen, mit unseren wenigen Habseligkeiten zu unserem Zuhause geworden ist, merken wir erst, als wir nun zwangsweise von ihr getrennt sind.

Reisetipp Nummer eins für Delhi lautet: Lass es, wenn du nicht unbedingt musst. Aber wenn wir schon mal da sind, werden wir auch komplett darin eintauchen, um ein Gefühl für die Stadt und das Land in all seiner glorreichen und chaotischen Vielfalt zu bekommen. Das Botschaftsviertel mit seinen imposanten Regierungsbauten im Kolonialstil, grünen Boulevards, Parks und großen Gärten ist ein Juwel im Herzen Neu-Delhis. Der sterile Stadtteil, wie aus einer anderen Welt, ist ein wunderbarer Ort der Erholung und Ruhe – würde die Messstation der amerikanischen Botschaft nicht einen Feinstaubwert von 200 Mikrogramm pro Kubikmeter Luft anzeigen. Da ist Alt-Delhi ehrlicher, hier wische ich mir den Schweiß aus dem Gesicht und meine Hand ist schwarz. Man sagt, Delhi sei die dreckigste Stadt der Welt. Es heißt, das Einatmen dieser Luft entspricht einem täglichen Konsum von zwei bis drei Schachteln Zigaretten. Diesen zweifelhaften Ruf kann ich bestätigen. Über unseren Köpfen hängt ein Gewirr aus Stromkabeln und alte Klimaanlagen und Fernsehantennen ragen neben Plakaten und bunten Leuchtreklametafeln von den grauen, verwaschenen Fassaden mehrstöckiger Häuser hervor. Dicke Ratten huschen über unsere Füße, heilige Kühe, groß, weiß und bis auf die Knochen abgemagert, stehen auf einem Müllberg und fressen alles, was sie finden. Auch Plastiktüten. Auf den Bordsteinen wird Wäsche gewaschen und gekocht. Wir sehen Frauen, die auf der Straße Blumenkränze zusammenbinden, und einen Elefanten auf der Autobahnbrücke über den Yamuna-River zu einer Baustelle laufen.

Doch dann sind da wieder diese Farben und Gerüche in der sonst so staubigen, grauen Stadt. Bunte Sari-Stoffe, zu Kegel-Bergen gehäuftes *Gulal,* aus bestimmten Blüten, Wurzeln und Kräutern gefärbtes, heilendes Puder für Hindu-Rituale, und Pailletten, die zu Abermillionen in durchsichtigen Säckchen lagern. Gewürze und Kräuter werden auf langen Schubkarren gebracht und offen auf dem Boden liegend zum Kauf angeboten. An jeder Straßenecke bieten kleine Shops und Buden Handys an, und wir kaufen uns ein gebrauchtes Nokia. Für eine neue Prepaid-Karte müssen wir eine feste Adresse in Delhi vorweisen, die wir aber nicht haben. Thorben überreicht ein Passbild, seine Pass- und Visakopie und zückt die Visitenkarte des Polizisten. Der Verkäufer fragt nur: *„You know him?"*, verschwindet mit den Unterlagen um die Ecke, taucht wenig später wieder auf und besiegelt kopfwackelnd das Geschäft.

Wir besuchen das India Gate, einen 42 Meter hohen Bogen, der große Ähnlichkeit mit dem Arc de Triomphe in Paris hat und an die 90.000 indischen Soldaten erinnert, die im

Ersten Weltkrieg für Großbritannien ihr Leben ließen. Den Tag lassen wir am als Weltkulturerbe anerkannten Red Fort ausklingen, eine aus rotem Sandstein erbaute Festungs- und Palastanlage aus der Epoche des Mogulreiches. Drei Tage verbringen wir in der 11-Millionen-Metropole, dann erhalten wir den langersehnten Anruf von der Werkstatt. „Ihr könnt weiterfahren. Kommt vorbei, meine Mitarbeiter haben alles besorgen können. Bringt zweihundert Dollar für die Teile mit. Der Einbau ist umsonst – Service des Hauses, weil ihr so einen weiten Weg hattet." Als wir vor Esperanza stehen, glänzt eine neue Kupplung im Motorraum, die Beifahrertür ist fixiert und der Bus frisch gewaschen.

Andy fliegt nach Hause und Dany zieht alleine weiter durch Indien. Wir fahren nun mit Markus und seiner Freundin Seraina weiter. Thorben und ich sind ab sofort zu dritt in unserem Bus unterwegs. Mit Ganesh. Als Beschützer der Familie gibt es für den dicken Elefantengott viel zu tun und er hat deshalb vier Hände, in denen er eine Axt, ein Seil und Süßigkeiten hält. Der abgebrochene Stoßzahn symbolisiert seine Kraft und Energie, alle Hindernisse zu überwinden. Damit nichts mehr schiefgeht, steht ihm eine Ratte als Reittier zur Seite, die auch durch nichts aufzuhalten ist. Ich bitte ihn um sein

Wohlwollen und platziere die kiloschwere, in Bronze gegossene Figur mit Blick auf den Straßenverkehr auf dem Armaturenbrett.

Über eine vierspurige Autobahn erreichen wir Agra und übernachten auf einem Parkplatz zwischen Händlern, Autoputzern und Rikshafahrern. In den frühen Morgenstunden laufen wir zum wenig besuchten East-Gate. Dabei teilen wir uns den Weg mit einer Beerdigungsgesellschaft, die mehrere Leichen trägt. Angekommen besorgen wir die für Ausländer verhältnismäßig teuren Eintrittskarten und stehen vor einem Komplex, ohne den Agra wahrscheinlich eine unbedeutende Stadt am Fluß Yamuna geblieben wäre. Diesem Moment habe ich schon lange entgegengefiebert. Ich trete durch das Tor, stürme durch seinen dunklen Gang und werde vom Taj Mahal, einer Liebeserklärung aus weißem Marmor, förmlich geblendet. Erbaut wurde es auf einer quadratischen Plattform inmitten eines eleganten Gartens mit Springbrunnen, eingerahmt von vier wuchtigen Minaretten, bewusst leicht seitlich geneigt, um bei einem Erdbeben vom Hauptgebäude weg zu stürzen. Der Anblick dieses erhabenen Meisterwerks mit seiner markanten, riesigen perlenartigen Kuppel lässt meinen Atem stocken und ich bringe nur ein beeindrucktes „Wow!" über die Lippen. Sein Spiegelbild in dem länglichen Lotusbecken ergänzt die perfekte Symmetrie und Ausgewogenheit und mit dem stetigen Emporsteigen der Sonne ändert sich die Farbe des Marmors jede Minute. Ich sitze wie gebannt davor, habe Tränen in den Augen. Wie sehr muss der Großmogul Shah Jahan in verschwenderischem Glanz gelebt und seine Frau Mumtaz Mahal

geliebt haben, der er 1631 dieses Grabmal errichten ließ. Geht man nahe an das zauberhafte Gebäude heran, staunt man über die vielen liebevollen Details wie Blumenranken aus Halbedelsteinen und Sternmosaiken, die in den Marmor eingefügt sind, und versteht, warum mehr als 20.000 Arbeiter 22 Jahre benötigten, um das Wunderwerk zu erbauen.

Rajasthan gleicht einem Garten Eden und empfängt uns nicht mit vertrocknetem Gestrüpp, sondern mit üppig grünen Bergen, Bäumen, saftigen Wiesen und sauberer Luft. Zum ersten Mal in Indien habe ich das Gefühl, klar sehen zu können – ohne einen Schleier vor den Augen. Und ich kann durchatmen. Diese Ruhe! Diese Natur! Es nicht mehr laut, quirlig und eng. Auch das GPS empfängt wieder ein Signal und führt uns über eine staubige Piste durch wenig bevölkertes Gebiet mit ganz kleinen

Ortschaften bis an das äußerste Randgebiet der Wüste Thar. Hier entwickelte sich über Jahrtausende ein ganz spezifischer Typ Wald: der trockene Dschungel. Rund zwanzig Prozent des vierhundert Quadratkilometer großen Territoriums sind offiziell freigegeben und können besichtigt werden. Er beherbergt mehr als dreihundert Pflanzenarten und bietet einer unglaublichen Vielzahl von Lebewesen einen weltweit einzigartigen Lebensraum. Berühmtester und zugleich gefährlichster Bewohner ist der Bengalische Tiger.

Markus, Seraina, Thorben und ich sitzen auf der Ladefläche eines allradgetriebenen Jeeps und rollen über den sandigen, holperigen und mit Felsbrocken übersäten Untergrund durch die Steppe. Schlanke Halme bedecken die weitläufige Ebene um uns herum, vereinzelt ragen niedrige Bäume über sie hinaus. Es ist kurz nach Sonnenaufgang und mit Temperaturen um den Gefrierpunkt bitterkalt. Dem Fahrtwind schutzlos ausgeliefert, kühlen wir innerhalb von Minuten aus, drängen uns zitternd immer dichter aneinander, wickeln uns in dicke Decken ein und sehnen die wärmenden Sonnenstrahlen herbei. Es dauert nicht lange, bis sich die ersten Tiere zeigen. Hyänen schleichen an uns vorbei und verschwinden in den Nebelschwaden, während Antilopen entlang der Pfade grasen und ein Pfau ein Rad schlägt und sein farbenprächtiges Gefieder immer wieder rauschend erzittern lässt. Die Schönheit der Landschaft im ersten Morgenlicht ist überwältigend. Unser Fahrer lenkt uns in den Dschungel, wo uns das Dickicht verschluckt, Banyanbäume mit zahlreichen dichten Luftwurzeln beeindrucken und die

Eiseskälte uns wieder umschlingt. Aber wir sind voller Hoffnung. Auf unserem Streifzug begegnen wir vielen tierischen Bewohnern, doch unser Besuch hat einen anderen Grund. Es ist der König des Waldes, den wir unbedingt aufspüren wollen. Lange irren wir umher und suchen, stehen gespannt am Malik Talao, dem kleinsten der drei Seen, aber kein Tiger sitzt an der Wasserstelle. Doch plötzlich hören wir die lauten Warnrufe von Affen und Vögeln, die Sambarhirsche im Wasser bewegen sich nervös hin und her und flüchten schließlich mit donnernden Hufschlägen. *„Tiger food"*, erklärt der Ranger auf dem Beifahrersitz, dann schweigt er wieder und lauscht aufmerksam. Ein lautes Brüllen durchschneidet die abrupt eingetretene Stille. Die Luft scheint wie elektrisch geladen, die Spannung steigt ins Unermessliche. Er ist da. Ganz in der Nähe. Wir sind in Sekundenschnelle hellwach. Der Jeep setzt zurück, rast los, wirbelt den Sand auf, springt förmlich über Stock und Stein. Eine Tigerjagd ist kein Spaziergang. Wir werden ordentlich durchgerüttelt und meine Augen brennen vor lauter Staub. Immer wieder halten wir mit einer Vollbremsung an, hören Äste knacken. Der Guide gibt alles. Hochkonzentriert steht er im Wagen, sein Blick wandert suchend umher. „Da, der Abdruck. Eine riesige Pranke im Schlamm, noch ganz frisch", deutet er auf den Boden. Es ist vorbei. Wir sind zu spät, haben ihn knapp verpasst. *„No tiger"*, stellt der Ranger kurz und ernüchternd fest. Der Wildhüter hatte uns im Vorfeld gewarnt, uns nicht zu sehr auf die Tigerjagd zu konzentrieren. „Tiger brauchen Platz, beanspruchen ein Revier von zwanzig Quadratkilometern für sich allein."

Etwa fünfzig erwachsene Tiger streifen noch durch das Unterholz und das ist der indischen Regierung zu verdanken, die das Areal zum Schutzgebiet erklärt hat. Früher war der Park das Jagdgebiet der Maharadschas von Jaipur und sogar Königin Elisabeth II. ging hier auf Jagd. Wer seit 1973 einen Tiger erschießt, wandert für sieben Jahre ins Gefängnis. Dennoch gab es später ein Wilderer-Problem und die Population schrumpfte von einst 4000 auf nur noch sechzehn Tiere. Insofern hatte unsere Tigersafari etwas von der Suche nach der Nadel im Heuhaufen.

Kurz hinter Tonk verlassen wir die Hauptstraße, biegen auf einen schmalen Feldweg und folgen der sanften Hügellandschaft der Aravalli-Berge. Die Tierwelt ist hier ebenso vielfältig, wenngleich nicht ganz so exotisch. Uns kommen Hunde, Ziegenherden, ausgemergelte Kühe und Wildschweine entgegen. Das dornige Buschwerk kratzt am stumpfen Lack, wird karger und gibt bald den Blick auf eine große offene Fläche frei. Die Piste geht in aufgewühlte Erde über und endet für uns in einer Sackgasse.

Um uns herum Gräser, Sträucher und ein einziger kleiner Baum. „Wir werden doch nicht tatsächlich einen einsamen Platz gefunden haben?“, frage ich Thorben grinsend „Vielleicht ein Zeichen, um die Stille Nacht zu feiern?“ Heute ist *Bada din,* der 24. Dezember. Nur 2,3 Prozent der indischen Gesamtbevölkerung, was aber bei einer Einwohnerzahl von 1,3 Milliarden Menschen immerhin rund 28 Millionen ausmacht, feiern den *großen Tag* und schmücken einen Mangobaum oder eine Bananenstaude. Statt einer Tanne verzieren wir Esperanza und den noch jungen immergrünen Khejri-Baum zwischen unseren Bussen mit Bändern, Bonbons und Girlanden – einfach mit allem, was wir finden können –, lassen zur Krönung leise Schnee aus unserem Feuerlöscher darüber rieseln und es stellt sich trotz dreißig Grad und Sand zwischen den Zehen eine echte Weihnachtsstimmung ein. Wir legen ein Huhn auf den Grill, das wir bei einem muslimischen Metzger ergattert haben, und trinken dazu im trockenen Staat ein eiskaltes Bier, ohne es wie sonst in einer Plastiktüte zu verhüllen. Dankbar registrieren wir den Sonnenuntergang, die Anonymität der Dunkelheit und die erste Nacht ohne Besucher. Wir sitzen unter dem blinkenden Sternenzelt und telefonieren mit der Familie und Freunden, die dank der modernen Technik nicht ganz aus der Welt sind. Das ist das Einzige, was schade ist: Freundschaften lassen sich unterwegs nicht mehr so intensiv pflegen, das soziale Umfeld ändert sich. Dafür lernen wir viele Menschen kennen und es entstehen neue Freundschaften, die auf derselben Leidenschaft basieren und aufregende Geschichten schreiben.

Noch im Schlafshirt und mit einem dampfenden Kaffee in der Hand krieche ich mit nackten Füßen aus dem Bus und werde bereits erwartet. Bauern, Ziegenhirten und Feldarbeiter – alle sind sie gekommen. Das ganze Dorf hat von unserer Ankunft erfahren und wünscht mir einen guten Morgen. Ein kleines Mädchen reicht mir eben gepflückte Auberginen, zwei Motorradfahrer kommen mit frischer Milch vorbei, ein altes Ehepaar mit einer Handvoll Rettich von ihrem kleinen Feld. Diese Gesten graben sich tief in mein Gedächtnis ein. Symbole menschlicher Solidarität trotz der eigenen Not, die einem in der Fremde zeigen: Du bist willkommen. Momente wie diese sind keine Seltenheit und machen das Reisen aus.

Sogar der Bürgermeister lässt sich blicken. Der Feldweg wird demnächst zwei Dörfer verbinden und wir stehen am Rande der Baustelle. Stolz führt uns das Oberhaupt zu den Arbeitern: zwei Männer, mit Plänen und Blöcken in den Händen, der große Rest besteht aus traditionell gekleideten Rajasthani-Frauen in bunten Röcken, mit großen, reich ornamentierten goldenen Nasenringen und klimpernden silbernen Reifen an den Fesseln. Unter unmenschlichen Bedingungen balancieren sie in metallenen Schüsseln Sand auf dem Kopf, schleppen schwere Steine und schenken uns trotz alledem ein fröhliches Lächeln. Als minderwertig geltend, erledigen Indiens Frauen die schwersten körperlichen Arbeiten, verlieren dabei aber nie ihre stolze Haltung, was ihr edles Auftreten dabei noch unterstreicht. Sie sind wunderschöne Farbtupfer in der farblosen Wüste und das ungewürdigte starke Rückgrat des Landes.

Wir befinden uns im Goldenen Dreieck, Indiens populärster Touristenroute. Das ehemalige Raputana, das Land der Königssöhne und Juwelen, ist märchenhaft schön und weckt Fantasien aus Tausendundeiner Nacht. Nach dem Megastau auf dem National Highway und einer Irrfahrt durch Jaipur erreichen wir das Zorawar-Gate. Der Eingang offenbart einen ersten Blick auf die malerische Mogularchitektur und die dahinter liegenden rosaroten Häuser des alten Viertels von Pink City. Seine Farbe erhielt der Stadtkern, als Maharadscha Ram Singh diesen zu Ehren des englischen Kronprinzen und späteren Königs Edward VII. in der Begrüßungsfarbe Rosa kolorieren ließ. Wir quetschen uns mit dem indischen Verkehrschaos, einem Durcheinander aus Fahrrädern, Rollern, Bussen, Rikschas, Kamelwagen und Fußgängern, förmlich durch ein Nadelöhr aus drei Torbögen und reißen uns an einem herabhängenden Gerüst fast den gesamten Dachgepäckträger herunter. An einer vielbefahrenen Straße befindet sich die bedeutendste Sehenswürdigkeit: der Hawa Mahal. Bei der Besichtigung stelle ich erstaunt fest, dass es sich gar nicht um einen Palast handelt. Das fünfstöckige Fantasiegebilde aus unzähligen, mit feinen Gittern versehen Erkern, zierlichen Kuppeln und gedrechselten Spitzen, die sich über den geschwungenen Dächern türmen, ist ledig-

lich eine 25 Zentimeter starke Fassade. Dahinter liegt nur ein Treppenaufgang. Das Gemäuer diente den Hofdamen der indischen Herrscher, die von fremden Augen nicht gesehen werden durften, als Schutz und gab ihnen die Möglichkeit, das Alltagsleben der Stadt unbeobachtet verfolgen zu können. Die wabenartigen Fenster, die den Blick von außen versperren und durch die an heißen Tagen ein erfrischender Wind weht, haben ihm seinen Namen geben. Palast der Winde. Als wir über den umliegenden Basar schlendern, Stoffe, Schmuck und Edelsteine bewundern, lernen wir den Edelsteinkönig kennen, den King of Rubins, wie er sich selbst nennt und auch ein in seinem Geschäft hängender Zeitungsartikel bestätigt. Er führt uns auf seine Dachterrasse, die eine ungestörte und wohl die beste Sicht auf den Hawa Mahal freigibt. Dazu serviert er uns einen unglaublich köstlichen Masala Chai, eine Mischung aus schwarzem Tee, Milch und Gewürzen, vor allem Kardamom.

Auf Empfehlung vom Edelsteinkönig können wir die heutige Nacht an einem Hotel stehen. In Pakistan waren es in erster Linie Sicherheitsgründe, in Hotels oder auf deren Parkplätzen zu übernachten. Hier in Indien ist es eher eine Annehmlichkeit, ab und zu von der Straße zu verschwinden und auch einmal unbehelligt mit etwas Privatsphäre vor den Bussen sitzen zu können. Das freut vor allem Seraina, die mit ihrer hellen Haut und den blonden Locken allzu oft von den Männern bedrängt wird und sich meist in den Bus zurückzieht. Mit meinen südländischen Zügen und den langen schwarzen Haaren errege ich zwar trotzdem Aufsehen, aber das Interesse ist für mein Empfinden nicht aufdringlich. Da mir der rot gefärbte Mittelscheitel und die Bindis so gut gefallen, trage ich mir beides seit unserem Besuch bei Familie Nadha jeden Tag neu auf. Vielleicht liegt der respektvolle Umgang also auch einfach nur an meiner Hochzeitsbemalung.

Für knapp zehn Euro ist ein Zimmer inbegriffen, dass wir weniger wegen der Betten nutzen, sondern um mal wieder richtig duschen zu können. In einer Gruppe zu reisen, bedeutet auch zu warten. Schon unterwegs mit den Jungs war es nicht immer möglich, schnell voranzukommen. Einer von ihnen kam nicht aus dem Bett heraus, der andere musste zwischendurch zur Toilette oder hatte irgendwo etwas vergessen. Wartereien, die aber durch die vielen Zwangspausen aufgrund unserer Pannen wieder aufgewogen wurden. Und heute halte ich mal den Verkehr auf: Bei der Gelegenheit zu duschen, wasche ich nicht nur mich, sondern spüle auch gleich unsere schmutzige Kleidung mit dem warmen Wasser.

Wieder auf dem National Highway 48 brausen wir mit fast 100 km/h dem Sonnenuntergang entgegen, durch Ajmer und über den Nag Pahar, den Schlangenberg, in das höher gelegene Tal. Inmitten der kargen Landschaft der Wüste Thar erscheint wie aus dem Nichts ein sanftes Licht aus der Dunkelheit. Ein Kontrast, wie er größer kaum sein könnte: die kleine Stadt Pushkar. Wir irren durch die schmalen Gassen und bald hat sich unsere Ankunft herumgesprochen. Mogli, ein Bekannter von Markus, führt uns in eine Seitenstraße, in der wir Esperanza und Lucy abstellen können, und nimmt uns alle mit in sein Guesthouse. Hier im U-Turn nehmen wir für ein paar Tage Abschied vom Leben auf der Straße.

Einer Legende nach flog Brahma, der Schöpfer des Universums, mit seinem göttlichen Fahrzeug, der weißen Wildgans Hamsa, über die Erde. Als ihm eine Lotusblüte aus der Hand glitt und den Boden berührte, öffnete sich eine Quelle aus dem Wüstensand und ließ einen See entstehen, der seither für die Hindus eine herausragende religiöse Bedeutung besitzt. Von der Dachterrasse bietet sich eine Aussicht auf den überdimensionalen Spiegel, auf dessen silbriger Oberfläche die Straßenlaternen vielfach reflektiert werden und an dessen Rahmen sich die umliegende Kulisse schemenhaft widerspiegelt. Unter uns befindet sich ein Gebetsplatz, aus dessen Lautsprecher *„Hare Krishna Hare Rama“* schallt. Über uns wölbt sich ein strahlend klarer Sternenhimmel, von dem Abermillionen Lichter zurückfunkeln. Thorben und Markus erscheint das noch nicht magisch genug. Nach einem üppigen veganen Abendessen – Pushkar ist so heilig, dass Alkohol verboten ist, kein Fleisch, nicht einmal Milchprodukte oder Eier gegessen werden dürfen – machen wir es uns mit gefüllten Bäuchen auf den weichen Kissen der bodentiefen Sitzecke bequem und die Jungs helfen ihrem Gehirn mit *Bhang Lassi,* dem örtlichen, tief in der indischen Kultur verwurzelten Cannabisgetränk etwas nach. Als die Wirkung einsetzt, fühlen sich die beiden, als hätten sie keinen festen Boden mehr unter den Füßen und kriegen sich kaum mehr ein vor Lachen. Seraina liegt im Zimmer und kämpft mit einer Magen-Darm-Verstimmung, die sie seit Delhi nicht mehr loswird. Die wohlbehüteten europäischen Mägen sind nicht für ein Land wie Indien gewappnet. Wie sehr man sich auch bemüht, alle Hygieneregeln einzuhalten, nahezu jeder wird letztendlich am *Delhi Belly* erkranken und die folgenden Tage oder sogar Wochen alles von sich geben. Oben wie unten. Ich bin neugierig, aber halte nüchtern die Stellung und passe auf, dass Thorben und Markus nichts passiert.

Es dauert noch lange, bis sich mein Mann wieder bewegen und ich ihn auf unser Zimmer tragen kann. Noch immer schallt es über den See. Der Gesang scheint in der Nacht noch lauter zu werden, dringt in mein Unterbewusstsein, wird zur inneren Schwingung. Eine spirituelle Vibration, der man sich nicht entziehen kann und die mich von Thorbens wirren Fantasievorstellungen, die er mir lauthals und wild gestikulierend berichtet, ablenkt.

Morgens um sechs Uhr erwacht das verschlafene Pushkar. Die ersten Pilger ziehen, in ihren Gesang vertieft, unter unserem Fenster vorbei zum geografischen und spirituellen Zentrum des Städtchens. Ich wecke Thorben aus seinem Delirium und bringe ihn wieder auf die Terrasse. Auf den Wellblechdächern tobt bereits eine Horde Languren, die sich, sobald das Frühstück der German Bakery auf dem Tisch steht, blitzschnell zu uns gesellt. Es gibt vegane Cinnamon Rolls, Pfannkuchen und Schokocroissants, die erstaunlich gut schmecken. Was nicht schnell genug in unseren Mündern verschwindet, versuchen die grauen Affen mit ihren schwarzen Fingerchen zu klauen. Um sich den nötigen Respekt zu verschaffen, lassen sie gerne ihre beeindruckenden Zähne aufblitzen. Für den Fall, dass sie zubeißen, liegen für die Ungläubigen auf dem Geländer immer einige Steine griffbereit, um die Kleinkriminellen zu verjagen. Für Gläubige hingegen, die in ihnen Hanuman, eine verehrte Gottheit, sehen, wird *Naan*-Brot zum Füttern gereicht.

Mit dem Sonnenaufgang zeigt sich der Zauber dieses Ortes. Auf drei Seiten von braunen, kargen Hügeln umgeben, haben sich im Laufe der Zeit über vierhundert weiß gekalkte Tempel, ein- bis zweistöckige helle Steinhäuser, rund um den heiligen See angesiedelt. Sie werden verbunden von rund fünfzig Badeghats, Treppenstufen, die zum Gewässer hinabführen. Pilger setzen vorsichtig auf

Betelblätter geklebte Kerzen hinein, zelebrieren *Pujas*, heilige Zeremonien und Waschungen, die von Sünden reinigen und Glück verheißen. Diese friedvolle, meditative Stimmung nimmt mich gefangen und erfüllt mich vollkommen mit Zufriedenheit und einer tiefen Liebe zu Indien.

Nasse Saris liegen zum Trocknen auf den Mauern zwischen unzähligen essbaren Opfergaben. Mit der Hitze des Tages suchen auch die Tiere die Nähe des Wassers. Hunderte Tauben picken aus den Tellerchen Kokosnuss, Reis und Blumen und flattern gleichzeitig los, wenn sich eine Kuh nähert. Stundenlang beobachten wir schweigend dieses Ereignis, lösen uns schließlich aus der Starre und machen uns die wenigen Meter zum Lotussee auf. Auf den Stufen inmitten des bunten Treibens nähert sich ein Mann und malt uns mit roter Farbe einen Punkt, das *Tika*, auf die Stirn. Gemeinsam sprechen wir Gebete, werfen Blumen in das Wasser und wünschen eine gute und gesunde Zukunft für die Familie und uns selbst und bekommen am Ende ein kleines rotes Band um unser Handgelenk geknotet. Die Zeremonie ist ein Touristen-Nepp, aber die letzte Stunde war einfach zu schön und wir geben dem falschen Priester gerne die eingeforderte Spende für Bedürftige und den Erhalt der Tempel.

Wir schlendern die schmalen Gassen hinter den Tempeln in westlicher Richtung entlang. Kleine Läden und Stände drängen sich dicht zu beiden Seiten und bieten Wandbehänge, Schmuck, Bücher und Musikkassetten feil. *Sadhus* sitzen mit zu einem Berg aufgetürmten Dreadlocks auf dem Boden und rauchen zur Vertiefung ihrer Meditation aus *Chillums,* dem Gott Shiva gewidmete Haschischpfeife, Hanf, auch Ganja genannt. Die heiligen Männer mit ihren weiß-rot-gelben Bemalungen im Gesicht haben sich einem religiösen, streng asketischen Leben verschrieben und besitzen neben der orangenen Kleidung, die sie am Körper tragen, nur eine Schale, mit der sie um Essen bitten. *„Baksheesh, Baksheesh!“* Das Rufen der Bettler nach einer kleinen Spende – wir sind weiß und damit zwangsläufig unsagbar reich – vermischt sich mit dem Flötenspiel eines Schlangenbeschwörers, der mit den Bewegungen des Instruments das Reptil dirigiert.

Schon seit Wochen dringt Staub durch die Löcher der Sohlen in meine Stiefel, heute bahnt sich eine breiige Mischung aus Abwasser und Kuhfladen ihren Weg hinein. Zahnärzte, Barbiere und Schuster sitzen im Freien und bieten ihre Dienste an. Ich lasse mir Autoreifen über die kaputten Stellen nageln, währenddessen verpasst der Friseur Thorbens mittlerweile recht langen Haaren und Bart wieder einen ansehnlichen Schnitt und massiert ihm im Anschluss Gesicht, Kopf und Nacken. Ein exzellenter Service für ein paar Rupien. Wir schnappen uns als Gegenleistung eines der vielen armen Straßenkinder, das uns als einziges nicht bedrängt oder an unseren Armen zerrt. Ramesh bekommt eine Jeans, neue Schuhe und seine Familie einen großen Sack Mehl zum Brotbacken. Stolz läuft der kleine Junge nebenher, stoppt ständig und wischt sich den Schlamm von den Sohlen und führt uns zum Stadtrand. Dort lebt er in einem löchrigen Zelt aus Plastikplanen.

Mit einem weinenden Auge lassen wir Pushkar hinter uns und fahren weiter gen Süden. Die Sonne brennt vom Himmel und mit jedem Kilometer wird die Hitze unerträglicher. Begünstigt durch die hügelige Lage auf siebenhundert Metern über dem Meeresspiegel genießen wir in Udaipur eine frische Brise in Rajasthans heißem, trockenen Wüstenklima, schlendern durch die Straßen, besuchen den Stadtpalast, der noch immer vom Maharadscha bewohnt wird, und fahren mit einem kleinen Boot auf den See hinaus, der in den 1980er Jahren durch den James-Bond-Film *Octopussy* bekannt wurde. Die weiße Stadt wird wegen des harmonischen Zusammenspiels der bunt getünchten Altstadthäuser, des strahlend weißen Palastes aus Marmor, der wie durch Zauberhand inmitten des Pichhola-Sees zu schwimmen scheint, und der umliegenden Bergkulisse gerne Venedig des Ostens genannt. Unzählige klimatisierte Reisebusse, Luxushotels, erlesene Cafés und exorbitante Preise lassen bei uns leider keine Romantik aufkommen. Wir bummeln zu unserem Parkplatz vor einem Hotel zurück, wollen noch am selben Tag weiterziehen und werden freundlich hereingebeten.

Es ist der 31. Dezember und heute soll ein großes Fest das alte Jahr verabschieden. Das Hotel hat das Flair eines Palastes, eine gepflegte weitläufige Anlage. Vor dem Swimmingpool ist eine Bühne aufgebaut, ringsherum stehen kleine Feuerstellen und geschmückte Tische. Zwei Stühle werden freigemacht, man bedeutet uns, Platz zu nehmen, und wir werden sofort bedient. Zahlreiche Kellner eilen vom Buffet herbei und bringen uns häppchenweise Fisch, Fleisch und Beilagen. Nach und nach füllt sich der Garten, ein DJ verbreitet ohrenbetäubende Musik: Indisch, Pop, Hip-Hop, Techno, nach exakt dreißig Sekunden wahllos und abrupt ineinander übergehend. Für unsere Ohren sehr gewöhnungsbedürftig, feiern die Gäste auf der 25 Quadratmeter großen Tanzfläche ausgelassen und dicht gedrängt.

Das Lichterfest *Diwali* im Oktober oder November wird oft als Neujahrsfest bezeichnet, in vielen Regionen wird im Frühling das neue Jahr begrüßt. Moslems feiern Neujahr nach dem islamischen Kalender – also irgendwann zwischen Oktober und Dezember. Die Parsen dagegen, eine ursprünglich aus Persien stammende, ethnisch-religiöse Gruppe, richten sich nach dem Bahai-Kalender, in dem das Jahr am 20. oder 21. März beginnt. Auf dem Subkontinent werden Feiertage aller möglichen Religionen, die allesamt ihre eigene Vorstellung vom Neubeginn haben, begangen, und Feste aus anderen Kulturkreisen zu übernehmen ist kein Tabu. Wir sind schlichtweg zu müde zum Feiern, wärmen uns im Bus auf und werden kurz vor dem Einschlafen durch die Knallerei an den Jahreswechsel erinnert.

Das märchenhafte Rajasthan, Indien aus dem Bilderbuch, liegt hinter uns. Vor uns der National Expressway 1 Richtung Mumbai. Der Kosename *A Dream Track – One Big Joy Ride* ist Programm: wenig befahren, der Asphalt breit und wie glattgebügelt. Das Verkehrsaufkommen nimmt zu, die Überholmanöver werden zahlreicher und unsere Fahrt endet in einer zähflüssigen Blechlawine. Die Strecke von Ahmadebad Richtung Mumbai, der fünfzehn Millionen Einwohner starken, größten Stadt des Landes an der Bom Bahia, der guten Bucht, zählt zu den meistgefahrenen Strecken Indiens. Die nächsten Tage verbringen wir im Dauerstau, fahren vom Morgen bis zur Dämmerung. An langen Schlangen vor den Mautstationen warten voll beladene Ochsenkarren und Ambulanzwagen mit eingeschaltetem Blaulicht, um eine Straßengebühr zu entrichten. Wir als Ausländer werden lachend begrüßt und dürfen, ohne zu bezahlen, weiterziehen.

Uns trennen nur noch 1000 Kilometer von Goa. Eine Strecke, die in Deutschland an einem Tag zu schaffen ist und über die man sich keine großen Gedanken machen würde, bedeutet in Indien fünf volle Reisetage mit ziemlich vielen Nahtoderfahrungen. Für größere Stopps ist es schlichtweg zu heiß und zu stickig. Die sengende Hitze flirrt auf den staubigen Straßen. In den kurzen Pausen stellen wir unsere Campingstühle direkt an den Straßen-

rand neben die kniehohen, verdorrten Gräser, kochen eine Kleinigkeit unter freiem Himmel, tanken Kraft und freuen uns trotz aller Strapazen auf die Weiterfahrt. Denn dann weht der Fahrtwind durch die geöffneten Fenster, trocknet den Schweiß auf unserer Stirn und kühlt uns ein wenig ab. Die Nächte stehen wir auf Truckerparkplätzen direkt am Highway und kommen vor lauter Hitze, Lärm und Moskitos kaum zur Ruhe. Die nervigsten Zeitgenossen Zentralindiens fallen über uns her, sobald wir irgendwo anhalten. Sie surren in Schwärmen um unsere Köpfe herum und treiben uns schier in den Wahnsinn. Morgens wecken uns hupende, rückwärtsfahrende Lastwagen mit eingebautem melodischem Sound, laute Gespräche der Menschen vor unseren Bussen und das Klappern von Töpfen und Pfannen der Garküchen. Der Countdown läuft gnadenlos rückwärts und mein Bedürfnis nach Ruhe und Entspannung unter Palmen steigt von Tag zu Tag. Statt ständigem Motorgeräusch wollen wir endlich dem Meeresrauschen lauschen. Jeder gefahrene Kilometer in Indien zählt im Vergleich zu Europa zehnfach. Der Verschleiß an Mensch und Material ist enorm. Meine Tagebucheinträge der letzten Tage fallen recht kurz aus. *400 Kilometer in 10 Stunden.* Heute ergänze ich: *Morgen sind wir da,* falle erschöpft ins Bett und kann vor lauter Vorfreude lange nicht einschlafen.

Der National Highway 17 führt uns auf die hügeligen, kurvenreichen Ausläufer der Westghats. Es geht durch sattgrüne verschlungene Täler, die von einer üppigen dschungelartigen Vegetation, einem hohen, blickdichten Vorhang, bis zu beiden Straßenseiten überwuchert sind, in Serpentinen bergauf und bergab. Die Tunnel durch die Berge sind dunkel, kaum beleuchtet und eine Standspur oder einen Notausgang gibt es nicht. Die Straßen werden enger, wirken fast vergessen und täuschen eine trügerische Einsamkeit vor. Vorbeiziehende Reisebusse entreißen uns aus diesem entrückten Zustand. Die verantwortungslosen Fahrer überholen uns vor nicht einsehbaren Kurven, lenken ihr Gefährt, ohne abzubremsen, über die knöcheltiefen Schlaglöcher und spielen so rücksichtslos mit dem Leben der Insassen sowie anderer Verkehrsteilnehmer. Thorben hält gebührenden Abstand, muss aber oft die Geschwindigkeit erhöhen, um herannahende Wahnsinnige vom Überholen abzuhalten. Man muss schon sehr an Wiedergeburt und Karma glauben, an einen neuen Körper für die alte Seele, um in einem öffentlichen Überlandbus mitzufahren. Mit angehaltenem Atem beobachte ich die Manöver und schwöre mir, nie in einen einzusteigen.

Ein unscheinbarer bemalter Stein am Straßenrand kündigt einen neuen Bundesstaat an: *Welcome to Goa*! Wir können das Salz in der Luft schon riechen, lassen die Berge hinter uns und sehen nach einer letzten Anhöhe den Ozean durch die Blätter der Palmen glitzern. Die Strahlen der tief stehenden Nachmittagssonne spiegeln sich auf der Wasseroberfläche. Über uns turnt eine Horde Makaken, fischt jedem von uns eine Banane aus der Hand und verzieht sich schreiend und von Ast zu Ast hüpfend zurück in den Dschungel. Wir fahren entlang der Küste wieder ins Landesinnere und erreichen letztendlich den unauffälligen kleinen Ort Agonda. Eine schmale Teerstraße führt vorbei an kleinen Häuschen mit Dächern aus Palmenwedeln über eine Sandpiste direkt an den Strand. In dem Moment, als wir vor dem Ufer zum Stehen kommen und die Motoren verstummen lassen, versinkt die Sonne im Arabischen Meer. Ich habe keine Erinnerung mehr daran, wie lange wir vor den Fahrzeugen stehen. Erstarrt und schweigsam. Jeder muss das jetzt für sich allein verarbeiten. Dann rennen wir vier Hand in Hand auf das pechschwarze Badewasser zu, schälen uns aus der Kleidung, die achtlos in den Sand fällt, und schwimmen, planschen, jubeln. Zum Glück ist man in Goa Absonderlichkeiten gewohnt und so fallen wir nicht weiter auf.

Zum ersten Mal seit der Türkei stehen wir wieder am Meer, haben die hinteren Flügeltüren weit geöffnet, liegen im Bett und genießen den Sonnenaufgang. Esperanza parkt zwischen hohen Kokospalmen, neben uns mündet ein Süßwasserfluss in den Ozean. Riesige rundgewaschene Felsen, die direkt von den Malediven importiert zu sein scheinen, bilden das natürliche Ende des weitläufigen Strandes und gehen in dichten, hügeligen Dschungel über. Als wir den Blick schweifen lassen, präsentiert sich uns das Paradies als Treffpunkt für Überlandreisende: eine interessante Mischung von über zwanzig Fahrzeugen aus allen Teilen der Welt, hauptsächlich aber Deutschland, Österreich und der Schweiz. Einige davon sind Monate, andere schon Jahre unterwegs. Dieser bunte, entspannte Haufen mag im echten Leben nie zueinander finden, doch aus dem Hamsterrad ausgestiegen, eint das Leben auf der Straße und nicht die Herkunft. Ob Jung oder Alt, Aussteiger, Suchender, Sonnenanbeter, Freak oder Spießer – es spielt keine Rolle, *was* man war, sondern einzig, wer man *ist*.

Da sind Raphael und Linda, die wir zuletzt in Amritsar gesehen haben, daneben eine einst elfköpfige französische Clique, die in einem alten, fensterlosen Sprinter angereist

ist, der lediglich Matratzen enthält. Einer von ihnen wurde beim Drogenschmuggel erwischt und sitzt derzeit in Pakistan im Gefängnis, der Rest liegt auf Teppichen und einem Sofa, verborgen hinter vielen bunten Tüchern, ist die meiste Zeit zugedröhnt und gibt sich der Bewusstseinserweiterung auf dem Weg ins Nirwana hin.

Außerdem lernen wir Petra und Stefan kennen, die mit einem riesengroßen MAN-KAT1 6x6 unterwegs sind, der wohl mehr gekostet hat, als ich in meinem ganzen Leben jemals verdienen könnte. Er ist ausgestattet mit richtigem Badezimmer, Einbauküche, Sitzecke, Waschmaschine und Backofen. Bei dem Gedanken an unsere provisorische Küche und das Klappbett mit den unbequemen Matratzen wirkt der LKW für mich auf den ersten Blick etwas verstörend. Plant man aber, auf unbestimmte Zeit und ohne Rückkehrwillen unterwegs zu sein, macht es durchaus Sinn, sich solch eine komfortable, fahrbare Wohnung anzuschaffen. Das sind die Vorteile, wenn man später im Leben auf Reisen geht. Man hat mehr Geld und Zeit zur Verfügung. Dennoch besteht mit dem Aufschieben seiner Träume das Risiko, mit der Zeit zu bequem zu werden – und am Ende macht einem vielleicht die Gesundheit einen Strich durch die Rechnung. Nicht so bei einem siebzigjährigen, rüstigen Rentner aus Deutschland, der den ganzen Weg mit einem klassischen Wohnmobil allein und ohne Englischkennnisse bewältigt hat.

Was ich aber überhaupt nicht erwartet hätte, ist der Umstand, dass so viele Familien in Goa gestrandet sind. Marion und Patrick haben ihre Kinder Luis und Marla für

zwei Jahre aus der Schule genommen und unterrichten sie unterwegs selbst. Audrey und Cristian reisen mit dem kleinen dreijährigen Lucas und der einjährigen Emilia für unbestimmte Zeit sehr rudimentär und äußerst eng in einem kleinen ausrangierten Notarztwagen. Sina und Andre, die keine dreißig Kilometer von unserem Zuhause entfernt wohnen, haben ihre kleine zweijährige Tochter Eva dabei. Und dann sind da noch Till und Amelie. Mit den beiden stand ich während der Planung unserer Reise viel in Kontakt, stöberte auf ihrem Blog und habe mir Tipps und Ratschläge geholt. In ihr Fahrzeug, einen knallgrünen Mercedes Benz 911 und ehemaligen Bundesgrenzschützer mit dem Namen Frosch, habe ich mich auf den ersten Blick verliebt. Ein Expeditionsmobil mit Sympathie und schönem Blick. Die beiden besuchen wir zuallererst und begrüßen ihr Baby Theo, das erst vor ein paar Wochen in Indien das Licht der Welt erblickt hat.

Diese Familien werfen meine gesamte Lebensplanung über den Haufen. Reisen mit Kindern? Das geht doch nicht! Als Eltern macht man Urlaub auf dem Bauernhof und überlegt sich dreimal, ob eine Flugreise auf die Kanaren oder eine achtstündige Autofahrt an die Nordsee schon zu viel ist. Man reist, bevor Kinder da oder wenn sie groß sind. Diese Gedanken hatte ich bis gerade eben und das gängige Modell zuvor nie hinterfragt, weil es einfach so ist. Aber warum sollte es denn nicht gehen?

Mit neuen Erfahrungen ändern sich die Ansichten. Immer wieder blicke ich zu Till und Amelie und den anderen Familien und finde in ihnen den Beweis dafür, dass es doch möglich ist. Ihre früheren Reisen haben ihren Horizont verändert und gezeigt, dass man nur für sich selber entscheidet. Es sind Eltern, die vom klassischen Weg abzweigen und keine Angst vor dem Leben da draußen haben. Ich bin mir sicher, sie mussten sich einiges von Freunden und Verwandten anhören – und sie sind trotzdem ihrem Herzen gefolgt. Sie verzichten auf Karriere und Luxusgüter und gewinnen doch so viel, nehmen sich Zeit für ihre Kinder und werden später nicht bereuen, zu wenig in ihre Familie investiert zu haben. Sie haben glückliche Kinder, die mit der Natur und mit Mutter und Vater aufwachsen und die echte Welt kennenlernen. Die Kleinen bekommen so unendliche Erfahrungswerte mit auf den Lebensweg, die in keiner Schule gelehrt werden können.

Die weite Kleidung verschwindet im Regal – endlich kann ich wieder leichtere Stoffe tragen und muss mich nicht mehr bedeckt halten. Auch der Austausch von Zärtlichkeiten zwischen Mann und Frau in der Öffentlichkeit ist nicht mehr tabu. Im Widerspruch dazu begegneten uns in Indien immer wieder händchenhaltende Männerpaare, die sich ohne homosexuellen Hintergrund als Geste der Freundschaft gegenseitig streichelten. Gemeinsam Hand in Hand am Strand spazieren, statt in gebührendem Abstand nebeneinander hergehen, daran müssen wir uns erst einmal wieder gewöhnen, seitdem wir im „anderen" Indien sind. Wer hier seinen Urlaub verbringt und meint, er war in Indien, hat sich getäuscht. Goa ist westlicher, moderner, aufgeschlossener und hat einen für indische Verhältnisse hohen Lebensstandard. Goa wurde erst 1961 in die Unabhängigkeit entlassen und ist der jüngste Mitgliedstaat der indischen Union. Die vierhundertjährige koloniale Besetzung hat die ehemalige portugiesische Enklave so geprägt, dass sie ganz untypisch für Indien ist. Das spiegelt sich neben Vornamen wie Antonio oder Maria vor allem in der Architektur und Religion wider. Weiß gekalkte katholische Kirchen, in die es die Gläubigen sonntags in Scharen zieht, gepflasterte Gassen, Gutshäuser mit bunten Fassaden und geschnitzten Holzbalkonen verbreiten portugiesisches Flair. Seit den achtziger Jahren ist der kleine Bundesstaat mit hundert Kilometern Küste und endlos langen Stränden zu einem der attraktivsten

Reiseziele geworden. Pauschalurlauber liegen in der Sonne, zwischen Strandbars entstehen weitere Luxushotels, auf begrünten Hügeln zwischen Kokospalmen wohnen Filmstars in ihren Villen. *Indien light* für Anfänger. Ein sanfter Einstieg, der für einen Eindruck vom Land aber nicht ausreicht.

Die zweiten, die hier nach den Portugiesen ankamen, waren die Hippies, die in den sechziger und siebziger Jahren an eine bessere Welt glaubten, sie verändern wollten. Getrieben von Sinnsuche und Selbstfindung und dem Wunsch, Kontakt mit anderen Völkern und Kulturen aufzunehmen. Sie erklärten Goa zur Hochburg der Bewegung und nebelten den Strand mit dicken Marihuanawolken ein. Einige von ihnen sind heute immer noch hier, ansonsten erinnert nur noch wenig an das verträumte Fleckchen Erde, ein Stück heile Welt. Agonda hat sich seinen Charme weitestgehend bewahrt und die VW-Busse, Trucks, Vans oder Sprinter und Wohnmobile am Ende der Bucht erinnern an Flower-Power, das Gefühl unendlicher Freiheit, bestimmt nur von Sonne und Mond und dem Rhythmus der Wellen. Wie sehr haben wir uns das Sehnsuchtsziel schon vor Reisebeginn ausgemalt. Wundervoll, entspannt und mystisch – und genauso ist es. Eben jene Stimmung, wegen der wir gekommen sind, die uns magisch angezogen hat, ist spürbar. In unseren Haaren stecken keine Blumen, aber auch wir wollten Spaß haben und aus dem spießigen System ausbrechen. Das ist uns gelungen und wir sind stolz darauf, es gemacht zu haben und ein klein wenig Hippie zu sein.

Wie lange es diesen Platz noch so geben wird und wem das Land eigentlich gehört, weiß keiner so genau. Hinter uns steht eine Hotelruine, ein Gerippe aus Beton und Stahl, einst begonnen, nie fertiggestellt und dem Verfall überlassen. Würde nur ein Overlander drei Jahre durchgehend auf dem Platz stehen, könnte man das in Indien geltende Gewohnheitsrecht einklagen, und das Ende der Bucht wäre offiziell ein Parkplatz und könnte nicht mehr anders genutzt werden.

Jeden Morgen kommt Matthew auf den Platz spaziert und verkauft aus seinem Stoffbeutel Karottenkuchen, Brötchen und mit Schokolade, Äpfeln und Gemüse gefüllte Teigtaschen. Alle paar Tage bringt ein kleiner Pick-up Bier und Wasser. Die Einheimischen dulden die Overlander und haben ein Geschäftsmodell entwickelt, das für beide Seiten gewinnbringend ist. Ein gutes Einkommen für die einen, mehr Müßiggang für die anderen.

Das eigentliche Dorf liegt ein gutes Stück entfernt und dort zieht es uns hin, um im Kiosk Lebensmittel einzukaufen oder die kleinen Familienrestaurants zu unterstützen. Die indischen Kuhgesetze werden von jedem Bundesstaat in Eigenregie geregelt und einzelne Regionen überlassen den Speiseplan ihren Bürgern. Und so ist es nur eine Frage der Zeit, bis wir ein großes Stück heilige Kuh verspeisen. Im Arabian Nights wird nicht an das Konzept des Karmas, dass jede Handlung auch eine Folge hat, an Reinkarnation und Gewaltverzicht auch im Hinblick auf die Tiere, geglaubt. So sehr ich mich auch monatelang auf ein Steak gefreut habe – der Genuss ist nur

von kurzer Dauer. Es hätte nicht sein müssen, liegt mir schwer im Magen, der sich mittlerweile auf die leichte Kost von Gemüse, Reis und Brot umgestellt hat. Ich bemerke, wie selbstverständlich ich früher Fleisch gegessen habe, ohne genauer darüber nachzudenken. Thorben konnte seine Portion genießen und gönnt sich einen Cocktail nach dem anderen, der im Vergleich zu Deutschland nur einen Bruchteil kostet, aber preislich einer kompletten Mahlzeit für zwei Personen an einer indischen Straßenküche entspricht. Mit dieser Verschwendung komme ich mittlerweile nicht mehr klar und halte mich zum Ausgleich an das leckerste und günstigste Getränk der Karte: *Shikanji*, indische Limonade aus Wasser, Zitrone, Honig, Salz und Pfeffer.

Die kleine offene Bambushütte auf Stelzen ist so gemütlich, dass wir Stunden auf den bunten Sitzkissen verweilen, den einen oder anderen *Feni* – einen Cashew- und Kokosnussschnaps – zur Verdauung trinken und den Blick über den weitläufigen gelben Strand schweifen lassen. Nur ein paar Meter vom Ufer entfernt schwimmen Delfine und schlagen übermütige Rückwärtssaltos in den Wellen. Kühe flanieren entlang, suchen nach Futter, trinken Wasser aus den Fußbecken vor den Hütten oder liegen unbeirrt zwischen Sonnenhungrigen im warmen Sand. Als der Tag auf den Abend zugeht, finden sich die Bewohner eines *Ashrams* am Strand ein, beginnen mit *Asanas*, meditieren und geben sich gemeinsam dem *Kirtan* hin. Sie singen spirituelle Lieder, um eine Zeremonie zu begehen, wenn der rote Feuerball zwischen den bewachsenen Felsen und Palmen im Meer versinkt. Innerhalb von fünfzehn Minuten ist es dunkel und eine wohltuende kühle Brise weht heran. Das einzige Geräusch ist das laute Schlagen der Wellen, das unseren nächtlichen Strandspaziergang begleitet und uns im Bus in den Schlaf wiegt.

Morgens um 6.30 Uhr wacht Agonda langsam auf. Kreischende Rabenschwärme ziehen heran, lassen sich in den Kokospalmen nieder und spähen nach Futter aus. Kühe und Wildschweine spazieren durch die Straßen und erreichen mit den ersten goldenen Strahlen das Ende der Bucht. Die hungrigen Tiere drehen ihre tägliche Runde und durchsuchen unseren Müll nach Essbarem. Mit einem lauten Klirren fallen die leeren Bierflaschen um, Kartons rascheln, Plastikreste knistern, das ein oder andere Vorzelt wird umgerissen und ein vergessenes Buch auf dem Tisch verschwindet in ihren Mäulern. Der biologische Abfall wird hinter einem Busch gesammelt, über den sich die Wildschweine freuen. Laut schmatzend machen sie dort sauber, lösen zugleich das WC-Problem und entsorgen die

Fäkalien der Overlander. Wenn die Sonne ihre Strahlen ganz ausgebreitet hat und der Bäcker an die Fahrzeuge klopft, spätestens dann sich alle aufgewacht und der Tag beginnt.

Hier scheint die Zeit still zu stehen. Die Anspannung der letzten Tage auf der Straße fällt von uns ab und unsere Haut bekommt noch einen dunkleren Ton, die braunen Haare werden von hellen Strähnchen durchzogen. Wenn wir die Zeit nicht im Ozean verbringen, mit den Nachbarn plaudern, Karten spielen, am Strand spazieren und einen indischen Kochkurs besuchen, liegen wir in den Hängematten, die zwischen den Kokospalmen im leichten Wind, der vom Meer hinauf weht, sanft schaukeln. Selbst Thorben ist endlich angekommen, kann entspannen und einfach einmal nichts tun. Wir verarbeiten Erlebtes, reflektieren all die Momente, die uns hierhergebracht haben, und lassen sie gemächlich sacken. Und genießen das Sein.

Plötzlich zählen Datum und Uhrzeit nicht mehr: ein Zustand, den wir so noch nie erfahren haben. So fühlt sich dieses Leben also an, wenn man nur aufnimmt und sich treiben lässt. Der Kopf ist frei, jeglicher Leistungsdruck der westlichen Konsumgesellschaft fehlt, wir haben keine Termine oder Verpflichtungen, müssen uns um nichts mehr kümmern. Weder einen sicheren Stellplatz finden, die nächste Etappe planen, jeden Morgen und Abend das Bett umbauen, noch alles fahrbereit verstauen und verriegeln. Es zählt einzig das Hier und Jetzt.

Ein lautes Hupen unterbricht die sonst so ruhige Zeit. Es ist Sonntag und wie an jedem Wochenende kommen

Großfamilien und Jugendliche aus den umliegenden Bundesstaaten sowie ganze Reisegruppen aus Mumbai und wollen die Party ihres Lebens feiern. Hier gibt es reichlich Alkohol, der in anderen Bundesstaaten und -territorien verboten ist, und spärlich bekleidete Frauen. Innerhalb kürzester Zeit werden wir von allen Seiten zugeparkt, obwohl der Platz groß genug ist – und noch bevor alle aus den Reisebussen, Kleinwagen und von den Mopeds gestiegen sind, stehen schon die ersten Lautsprecher im Sand und beschallen den Agonda-Beach mit Bollywood Musik und den aktuellen Pop-Charts. Aus jeder Richtung dröhnt ein anderes Lied, die Boxen krachen, doch es zählen einzig die Lautstärke und der Spaß. Immer wieder kommt es vor, dass ein Auto neben uns parkt, die Insassen den Kofferraum öffnen, die Anlage aufdrehen und anfangen zu tanzen.

An eine Unterhaltung ist nicht mehr zu denken und wenn man nicht selber drin liegt, wird die Hängematte dauerhaft besetzt. Während die Frauen und Mädchen in ihren farbenprächtigen Saris kichernd bis zur Wade ins Wasser tippeln oder Grüppchenweise auf großen Picknickdecken unter unserem Sonnensegel sitzen und in den mitgebrachten Kupfertöpfen Reis und Currys anrichten, *Chapati* und *Naan*-Brot ausbreiten, tanzt und jubelt das männliche Geschlecht, fotografiert mit den Handys die freizügigen Touristinnen, schnalzt mit der Zunge und pfeift ihnen hinterher. Da die meisten Inder nicht schwimmen können, planschen sie unter der prallen Sonne in den knie- bis hüfthohen Wellen wie kleine Kinder und liegen zu später Stunde, nur mit nassen Unterhosen

bekleidet, betrunken und grölend im Sand. Daneben liegen leere Flaschen billigen Whiskeys. Die meisten können kaum mehr laufen und prügeln sich untereinander. Pünktlich zum Sonnenuntergang schallen erneut die Hupen über den Platz und die Fahrer ermahnen mit Trillerpfeifen die letzten Wochenendausflügler zur Abfahrt. Die Ruhe ist wieder eingekehrt und das Einzige, was später noch an die wilde Party erinnert, ist der überall herumliegende Müll: Pappteller, und leeren Flaschen.
Auch Esperanza sieht aus wie nach einer exzessiven Party. Ein Blick auf unseren Bus verrät, dass er in den letzten Monaten so einiges erlebt hat und sich eine Auszeit redlich verdient hat. Statt in der dunklen Scheune mehr und mehr Rost anzusetzen oder im Besitz eines Sammlers restauriert das Lebensende in einer Ausstellungshalle zu verbringen, wurde Esperanza auf ihre alten Tage in ein langes Abenteuer entführt und hat 16.000 Kilometer mehr

auf dem Zähler. Jetzt steht sie an einem Bilderbuchstrand, gezeichnet vom Weg mit Dellen, Schrammen, Kratzern und Rost, abgerissenen Lüftungsgittern, fehlendem Blinker, inklusive einer kaputten Beifahrertür und einer ganzen Menge Unterschriften und Widmungen auf dem abblätternden Lack. Sie erinnert uns an die vielen Erlebnisse und Begegnungen der Reise – und an den defekten Anlasser. Es wird höchste Zeit, sich darum zu kümmern, bevor wir den Rückweg antreten. Auf die Hilfe von Markus und Seraina, uns jeden Morgen anzuschieben, können wir dann nicht mehr zählen, da wir früher abreisen.

Thorben baut den Anlasser aus, und um dem entspannten Alltagstrott zu entkommen, sammeln sich alle Männer der Overlander-Community vor der geöffneten Motorhaube. Allesamt begeisterte Schrauber und stets auf der Suche nach Wartungsarbeiten an ihren Fahrzeugen, freuen sie sich über die willkommene Abwechslung, stellen aber schnell fest, dass hier nichts mehr zu retten ist. In Vasco da Gama, der mit 100.000 Einwohnern größten Stadt des Bundesstaates Goa, soll es eine *Tata*-Werkstatt geben. Schon als wir auf den Hof von Mohan Motors fahren, schwindet unsere Zuversicht. Der Hof ist leer. Keine Autos, keine Arbeiter. Das kleine Gebäude, Lager und gleichzeitig Büro, besteht aus einem Schreibtisch, einem Stahlschrank und leeren Regalen. Thorben will eigentlich schon wieder kehrtmachen, doch ich ziehe ihn zurück, packe den kiloschweren Starter aus seinem Rucksack und lege ihn dem Inhaber auf den Tisch. *„Mister Mohan, our distributor is broken. Could you help us in* *any way?"* Er zögert kurz, erhebt sich von seinem Stuhl, schlendert die wenigen Schritte zu dem Schrank und öffnet die Türen. Was wir darin entdecken, ist ein Ding der Unmöglichkeit. Würden wir es nicht mit eigenen Augen sehen. Der Schrank ist leer – bis auf einen nagelneuen Anlasser, der genau unserem Modell entspricht. Das Leben schreibt manchmal Geschichten, die kann man sich nicht vorstellen.

Esperanza springt seit Sukkur das erste Mal wieder auf Knopfdruck an und weil es einfach zu schön ist, um wahr zu sein, machen wir auf dem Rückweg nach Agonda mehr Pausen als notwendig, nur um den Zündschlüssel zu ziehen und anschließend den Motor neu zu starten. Linksseitig liegt der Mandovi, ein breiter Strom, der das Delta mit vielen Inseln und mangrovenbewachsenen Nebenarmen zergliedert und das Rückgrat der Landwirtschaft ist. Hier wächst alles, was der Mensch zum Leben braucht. Neben Kokos, Ananas, Mango, Banane, Papaya, Pampelmuse und Guave auch Cashewnüsse und Gewürzpflanzen wie Nelke, Muskat, Curry, Vanille, Koriander, Zimt und Pfeffer. Statt exotischen Gerüchen weht uns jedoch der Duft von Lösungsmittel in die Nase. Hinter den Büschen eines wildbewachsenen Feldes wird gerade ein Lastwagen lackiert. Thorben und ich blicken uns an, beginnen zu grinsen und sagen wie aus einem Mund: „Warum denn nicht?“

Während sich Esperanza einer Schönheitskur unterzieht, wohnen wir im Zelt zwischen den anderen Fahrzeugen, unser Hab und Gut steht ringsherum verteilt, und erkunden die Gegend auf dem Motorrad. Schon als wir zum ersten Mal das legendäre bauchige Wummern einer *Royal Enfield* hörten, ist die Vernunft vernebelt. Nur zu gerne nutzen wir die Gelegenheit und leihen uns, ohne einen Führerschein zu besitzen, eine der ältesten noch produzierten Motorradmarken der Welt, die mit ihrem ursprünglichen nostalgischen Design zu Recht Kultstatus besitzt. Die Landschaft zwischen den wenigen Ortschaften ist menschenleer und eine wahre Pracht: hoch aufragende

Berge und dschungelartig bewachsene Hügel, ausgedehnte Palmenhaine, Reisfelder, in denen Wasserbüffel bis zum Bauch im Schlamm stehen und friedlich grasen. Weiße Reiher auf Beutezug lassen die Fahrt zu einer bewegten Postkartenidylle werden. Hin und wieder werden wir von Ochsenkarren und seelenruhig über die Straße ziehenden Kühen zum Anhalten gezwungen.

In Palolem ist selbst mit dem Motorrad kaum ein Durchkommen. Touristen aus aller Welt verstopfen neben den Wohlstandskindern aus Mumbai die schmalen Straßen und lassen es in den Beach-Clubs am Ballermann von Goa krachen. Der angesagteste Strand liegt in einer perfekt geschwungenen, halbmondförmigen Bucht, goldener Sand vor türkisblauem Meer, eine vorgelagerte Insel, eingerahmt von im Wind wiegenden Palmen. Darunter Hütten auf engstem Raum aneinandergereiht. Vorne Restaurants und Bars, dahinter Gasthäuser, Tattoo-Shops, Massagestudios, Boutiquen und Andenkenläden. Es ist interessant, das quirlige Strandleben zu beobachten und in den Souvenirshops zu stöbern. Aus den Cafés schallt laute Musik, die Preise sind für indische Verhältnisse unverschämt hoch und wir empfinden es als Wohltat, wieder in das verschlafene Agonda zurückzukehren.

Jeden Tag ziehen wir los, genießen den kühlenden Fahrtwind und beobachten, wie sich Esperanza mehr und mehr vom hässlichen Entlein in einen schönen Schwan verwandelt. Die Arbeiter schwitzen in der flirrenden Hitze, schleifen und lackieren unermüdlich – für einen Stundenlohn, bei dem andere nicht einmal aufstehen würden – und freuen sich über die kalten Getränke und das Essen, das ich aus meiner Tasche zaubere. Nach einer Woche ist der Bus nicht mehr wiederzuerkennen und unsere Freunde trauen kaum ihren Augen, als wir damit wieder am Strand erscheinen.

Die Tage und Wochen verfliegen und unsere Reise neigt sich unaufhaltsam dem Ende zu. Völlig in der Zeit verloren, kommt es uns vor, als ob wir gerade erst angekommen wären. Die ersten Kunden von Thorben werden langsam nervös, warten mit neuen Jobs. Lange kann er sie nicht mehr vertrösten. Aber Agonda saugt einen förmlich fest und es ist verdammt schwer, den Absprung zu schaffen. „Morgen werden wir aber fahren!", sagen wir und verschieben es dann auf den nächsten Tag. Es war schön zu beobachten, wie mein Mann sich durch die Reise verändert hat, jeden Tag entspannter, gelöster und geselliger geworden ist. Ich möchte fast behaupten, mich in einen neuen Menschen verliebt zu haben, und bin insgeheim erleichtert, dass wir uns durch die extreme Nähe nicht voneinander entfernt haben, sondern mehr zusammengewachsen sind. Wie jeden Abend ziehen die Jungs in den Dschungel, suchen nach Brennholz und es findet ein gemütlicher Abschluss vor dem Lagerfeuer statt. Doch von Tag zu Tag plagt Thorben immer mehr sein schlechtes Gewissen und die Sorge um seine Existenz als Selbstständiger und heute ist er richtig niedergeschlagen. Wir trinken billigen Whisky, der laut Etikett „Original, garantiert fünf Jahre im Eichenfass gereift“ ist und in der Kehle brennt, und dann trifft es mich mit voller Wucht: Die Zeit ist gekommen. Es ist vorbei.

Doch es ist gut so und nicht das Ende. Mit dem Beginn der Reise, die nur eine Unterbrechung sein sollte, haben wir eine neue Richtung in die Zukunft eingeschlagen. Die Hippies haben geglaubt, die Welt ändern zu können, und der Hippie Trail hat uns verändert. Wir haben uns selbst ganz neu kennengelernt und er hat uns gezeigt, was uns glücklich und zufrieden macht und was wir durch lauter Verstand verlernt haben. Es ist schleichend passiert, wie ein Fluss, der über Jahrtausende die Landschaft formt.

Man macht keine Reise, eine Reise macht einen ist das Wahrste, was ich je über das Reisen gehört habe. Und die Reiselust durch Reisen kurieren zu können, war eine absurde Idee. Jeder strebt nach etwas anderem und für Thorben und mich ist es die moderne Art des Nomadentums: immer auf der Suche nach Unbekanntem, nach Begegnungen und zurück zu sich selbst. Das eigene Ich durchs Reisen formen lassen. Wir müssen eben nicht den klassischen Weg gehen, um eine Familie zu gründen: ein Haus kaufen oder bauen, das wir bis zum Beginn der Rente abbezahlen, Versicherungen und steigende Verpflichtungen und Verantwortung. Die Möglichkeiten liegen vor uns wie die Muscheln auf dem Sand. All die Menschen hier, vor allem Till und Amelie, Sina und Andre, Patrick und Anja, Cristian und Audrey, haben uns inspiriert und gezeigt, dass man als Familie noch reisen kann. Man kann es besser machen, als es einem selbst widerfahren ist. Ich möchte auch meinen Kindern die Welt zeigen, ihnen nicht nur von fremden Ländern erzählen und sie ihnen auf Fotos präsentieren. Die schönste Erinnerung ist doch die, die man gemeinsam teilen kann.

Ich will nicht ständig unterwegs sein, dazu schätze ich meine Heimat zu sehr. Aber das nächste Mal soll es auf unbestimmte Zeit sein. Wir möchten weiter fahren, immer weiter, ohne feste Pläne, ohne Hetze, nicht ans Ankommen denken, das Ende selber bestimmen und uns mehr Zeit zum Genießen nehmen und um alles ablegen zu können. Auf der Panamericana – der längsten Straße der Welt. Mit Kind. Mit diesen Zielen fällt es uns leichter, Ende Februar den Absprung aus Agonda zu schaffen. Da ja immer alles gepackt und startklar ist, lässt Thorben den Motor an und navigiert Esperanza endgültig auf Heimatkurs. Wir vergießen viele Tränen und lassen das Paradies und unsere lieb gewonnenen Freunde hinter uns. Ich winke, bis sie im Rückspiegel immer kleiner werden und verschwinden. Dann rollen wir am Fußballplatz und der Kirche vorbei über die kleine Brücke Richtung der Hafenstadt Mumbai.

- Ende -

Epilog

In nur neun Stunden bringt uns das Flugzeug zurück nach Deutschland. Das erste Mal seit Monaten bewegen wir uns in Richtung der untergehenden Sonne, und sechs intensive Monate lösen sich auf 6400 Kilometern Luftlinie, unter einer dicken Wolkendecke verborgen, gefühlt mit einem Wimpernschlag einfach auf.

Am Flughafen werden wir von Thorbens Eltern und Freunden freudig und erleichtert in Empfang genommen. Meine Schwiegermutter rümpft die Nase und sagt lachend: „Ihr seid braun geworden – und stinkt." Ins Herz, ins Gehirn gebrannt, mit jeder Zelle und kleinsten Pore unseres Körpers haben wir jeden Moment der Reise aufgesaugt. Der Geruch nach Straße, Benzin, Räucherstäbchen, Gewürzen, Lagerfeuer und Sonne wird sich auflösen, die Bräune nach und nach verschwinden, aber die Erinnerungen werden uns bleiben und auf Knopfdruck durch den Alltag tragen.

Die Straßen sind sauber, der Verkehr läuft wie automatisiert, keiner hupt, niemand rennt uns vor das Auto, es wird gebremst und Rücksicht genommen. Wir verstehen jedes Wort und können uns wieder in der Muttersprache unterhalten. Der Himmel ist grau, es ist kalt und schneit. Wir haben seit Monaten nicht mehr gefroren. Es fehlt an Wärme. Die Stille ist erdrückend und vermittelt uns das

Gefühl, flüstern zu müssen. Wir vermissen das Chaos, die Farben, das Leben auf der Straße, die vielen Menschen, von Fremden begrüßt zu werden, das Gefühl des Miteinanders. Wir sind zurück in der Anonymität.

Zuhause erwarten uns wohlgenährte, beleidigte Katzen, ein riesiger Stapel mit Post und hundert Quadratmeter, die uns früher oft zu wenig erschienen. Wie riesig dieses Haus auf einmal ist. Sind wir kleiner geworden oder haben wir uns nur auf das Wesentliche zurechtgeschrumpft? Die Schränke sind voll mit Dingen, die wir nicht vermisst haben und die uns überfordern. Wir haben gelernt, wie wenig man zum Leben braucht, um glücklich und zufrieden zu sein und sammeln lieber Erinnerungen. Das ist für uns Reichtum. An ein minimalistisches Leben gewöhnt – das bedeutet nicht, wenig zu haben, sondern wenig zu brauchen –, ist Besitz kein Luxus, sondern eine Belastung und raubt uns den Blick fürs Wesentliche und unsere Achtsamkeit.

Viele haben uns gewarnt: „Reisende brauchen doppelt so lange, wie sie unterwegs waren, um sich in ihrem alten Leben wieder zurechtzufinden." Ob wir zu kurz unterwegs waren oder es an den neuen Plänen liegt, weiß ich nicht. Wir steigen sofort wieder in das Arbeitsleben ein, um nicht in ein Loch zu fallen und dem neuen Ziel schneller näher zu kommen. Thorbens Sorgen, den Anschluss verpasst zu haben, lösen sich in Luft auf. Ich habe keine neue Ausbildung begonnen, sondern den Schritt gewagt, dem Angestelltenleben den Rücken zu kehren und als selbstständige Steuerfachangestellte zu arbeiten. Das Problem waren zum größten Teil meine Arbeitgeber gewesen. Ich war abhängig von einem Vorgesetzten, weisungsgebunden in der Art, wie, wann und wo ich meinen Job erledige, hatte das Gefühl, unterbezahlt und überfordert zu sein. Das hätte ich nicht mehr ertragen. Dieser Beruf ist zwar noch immer nicht meine Erfüllung, aber ich habe mich mit ihm versöhnt, bin zufrieden und er macht mir mehr Freude, weil ich jetzt die Spielregeln bestimme und damit auch, wie ich Geld verdiene. Ich habe gelernt, was es heißt, Entscheidungsfreiheit zu haben. Wir alle sind die Summe unserer Erlebnisse und überaus kreativ darin, uns Ängste, Sorgen und Verantwortung zu erschaffen, die vollkommen überflüssig sind. Wir können mehr als nur wollen. Wir müssen es nur tun. Mir liegen unendliche Möglichkeiten zu Füßen – ich kann etwas ändern und kann mich frei entfalten, was mir in meiner Resignation nicht vor der Reise, sondern erst mit dem nötigen Abstand und den neuen Erfahrungen bewusst geworden ist.

Jetzt folgt ein Schritt nach dem anderen und ich kapituliere nicht mehr vor einem riesigen Berg Arbeit. Ich bestimme, wie viel Stress mir guttut, entscheide eigenständig, wann der Tag beginnt, ob ich überhaupt arbeite oder bis nachts, ob ich gar das ganze Wochenende im Büro oder mit den Unterlagen im Garten sitze. Ich arbeite weniger, wiege meine Lebenszeit nicht mehr in Geld auf und habe durch den Konsumverzicht im Endeffekt sogar mehr Geld zu Verfügung. Wir gehen weniger essen, kaufen Kleidung nach Bedarf und nicht nach dem aktuellen Modetrend und selbst Thorben eifert nicht mehr der neuesten Technik hinterher, um sich dadurch besser zu fühlen. Erstaunlich, wie viel mehr am Ende des Monats übrig bleibt. Mit dieser Zufriedenheit halte ich meine Seele rein, der Kopf ist klarer und weitsichtiger. Die Arbeit macht Spaß, da sie der Schlüssel ist, um den nächsten Traum wahr werden zu lassen.

Nach zwei Wochen auf hoher See erreicht das Frachtschiff Hamburg und wir können unsere Esperanza gemeinsam mit Dany und Andy wieder in Empfang nehmen. Im Containerhafen Nava Sheva, fünfzig Kilometer außerhalb von Mumbai gelegen, hatten wir alles seefest verzurrt, legten Mausefallen aus und übergaben unserem Agenten Ali die Papiere. Dort wartete sie im Warehouse neben eingestaubten deutschen BMW-Limousinen auf Lucy und teilte sich mit ihr einen großen High-Cube-Container. Markus und Seraina kümmerten sich um die ganze Abwicklung und waren live dabei, als sich acht indische Hafenarbeiter in unseren Bus gequetscht haben, um nach dem Luftablassen aus den Reifen die tatsächliche Höhe von 2,85 Metern bis auf die Einfahrtsmaße der Türöffnung von 2,58 Metern senken zu können. Wir entfernen die Versiegelung, entriegeln den Container und brauchen nur drei deutsche Männer, um wieder herauszukommen. Als wir die Türen öffnen, schlägt uns der typische Geruch von Indien entgegen. Da ist er wieder. Dieser Duft. Derselbe, der in Haut und Haare eingedrungen ist. Gerüche können so viel heraufbeschwören, wecken Erinnerungen und sofort sind alle Emotionen wieder da und die Fantasie geht mit mir durch. Ich setze mich neben das Regal und packe unsere Schätze aus. Mir fallen all die wunderbaren Plätze ein, an denen Thorben und ich das alles gesammelt haben, die kleinen netten Läden, wo wir die vielen schönen Sachen gekauft haben. Es ist, als wären wir zurück auf dem Hippie Trail und ich würde am liebsten sofort wieder losfahren. Doch die wichtigsten Mitbringsel sind Schätze, die wir immer in unserem Herzen tragen und die uns keiner mehr nehmen kann: Erfahrungen, Emotionen, Zufriedenheit, Dankbarkeit und Liebe zu uns selbst, zu all den guten Menschen und diesem wundervollen Planeten Erde. Gefühle, die wir zusammen durchlebt haben. Erinnerungen, in denen wir gemeinsam schwelgen können.

Esperanza hat die Reise zu etwas ganz Besonderem gemacht. Als wir losfuhren, starteten wir ins absolut Ungewisse, hatten keine Ahnung, wie weit wir mit der alten Dame kommen würden. Im Nachhinein betrachtet hätte es nicht besser kommen können. Wegen der vielen unfreiwilligen Pausen, die wir in Werkstätten und am Straßenrand verbrachten, waren wir stets im Kontakt mit den Einheimischen. Zweifel und die Frage, ob wir es schaffen würden, waren immer präsent und haben die Reise noch spannender gemacht. Manchmal haben Dinge auch einfach ihren Sinn.

Doch das nächste Mal möchten wir besser vorbereitet sein. Mit einem lachenden und einem weinenden Auge verkaufen wir Esperanza. Langsam rollt sie aus der Parkbucht und verschwindet aus den Augen, aber nicht aus unserem Sinn. Vergessen werden wir sie nie und ein Blick auf Thorbens Handgelenk wird in Zukunft genügen, um sich den Bus ins Gedächtnis zu rufen: Ein Tattoo mit ihrem Namen, das sich Thorben, bevor wir in den Flieger stiegen, noch hat tätowieren lassen. Krumm und wackelig ist es geworden – nicht perfekt, dafür einzigartig – und genau das ist sie für uns gewesen.

Viele Freundschaften aus Agonda bestehen bis heute – insofern ist die Reise nie zu Ende. Wie es der Zufall so will, möchten Till und Amelie ihren geliebten Frosch verkaufen, da sich auf der Rückreise nach Deutschland weiterer Nachwuchs angekündigt hat und der Laster nun zu klein wird, und denken dabei sofort an uns. Mit den Worten „Er ist eine treue Seele" und „Haltet ihn artgerecht" übergeben sie uns ihren LKW, der reiseerprobt, geländegängig und, mit Solarpanels, jeweils zwei großen Wasser- und 500-Liter-Dieseltanks, absolut autark ausgestattet ist.

Ich dachte, Thorben nach dieser intensiven Zeit des Beisammenseins in- und auswendig zu kennen, und jetzt stelle ich fest, dass ihm Seiten innewohnen, die ich noch nie gesehen habe. Denn nun ist mein Mann die treibende Kraft, baldmöglichst wieder loszufahren, bereit dazu, seine Selbstständigkeit komplett aufzugeben. Und seitdem der Laster hinter unserem Haus steht, hat er seine Leidenschaft fürs Schrauben entdeckt. Insgeheim hatte er schon immer Menschen beneidet, die Dinge reparieren können, hatte unterwegs jeden Handgriff in den Werkstätten genauestens beobachtet und gelernt, zu improvisieren.

Schon als Kind war er davon fasziniert, sein Spielzeug zu zerlegen, um zu verstehen, wie es funktioniert. Wenn man um die Welt fährt, sollte man sein Fahrzeug kennen und nicht ständig auf Hilfe anderer bauen, sondern Eigenverantwortung übernehmen.

Nach vielen erfolglosen Jahren hat es während der ersten großen Ausfahrt mit dem Frosch nach Frankreich dann auch bei uns endlich geklappt: der Frosch macht fruchtbar. Dankbar lege ich meine Hände auf meinen kugelrunden Bauch und freue mich auf unseren Nachwuchs: „Willkommen in unserer Welt, kleine Romy!"

Die Reise geht weiter

Michaela Schmitt

AUSREISSER

Abenteuer Panamericana:
In zwei Jahren von Alaska nach Feuerland

484 Seiten 19,90 €
ISBN-13: 978-3-00-059427-4

Das ist Abenteuer pur: Mit einem alten Mercedes LKW in zwei Jahren von Alaska nach Feuerland! Zusammen mit ihrer einjährigen Tochter Romy brechen sie aus ihrer Komfortzone aus, um die große Freiheit zu spüren und die Welt zu entdecken.
Gewaltige Canyons und Bergmassive, kalbende Gletscher, einsame Wüsten, tropische Regenwälder und weiße Karibikstrände erwarten die kleine Familie. Zwischen Polarmeer und Kap Horn begegnen sie Menschen aus fremden Kulturen, besuchen geschichtsträchtige Kolonialstädte, erleben geheimnisvolle Zeremonien und werden von einer vielfältigen Tier- und Pflanzenwelt verzaubert.
19 Länder, 100.000 Kilometer und zwei Jahre später kehren sie vom amerikanischen Superkontinent nach Deutschland zurück und haben die wohl schönste Reiseerinnerung im Gepäck: den vierten Passagier. Ihren mittlerweile ein Jahr alten Sohn Levi, geboren in der mexikanischen Karibik.

Danksagung

Eigentlich müsste man sich fürchten, aus dem Haus zu treten. Kriege, Gewalt und Verbrechen – erschreckende Dinge, wie sie tagtäglich in den Nachrichten dargestellt werden. Doch die Welt ist zum Großteil bevölkert von freundlichen Menschen – viel besser, als es dargestellt wird und viele hierzulande befürchten.

Es waren Begegnungen, die diese Reise so besonders gemacht haben. Wir konnten uns stets auf das Gute im Menschen verlassen und haben unterwegs durch zahllose Länder und Kulturen eines gelernt: Wir haben alle eine gemeinsame Nationalität: Mensch. Und meist sind es ausgerechnet die Länder, an denen kein gutes Haar gelassen wird, die man auf positive Art nie mehr vergisst.

Mein Dank gilt den vielen unbekannten, herzensguten Menschen, die uns unvoreingenommen und ohne Neid herzlichst als Gäste empfangen und geholfen haben. Danke für eure selbstlose Hilfe, euer Lächeln, die Gastfreundschaft, Großzügigkeit, Menschlichkeit. Ohne euch hätten wir unser Ziel nie erreicht! Ihr seid Vorbilder für mich, um ein besserer Mensch zu werden, der Beweis für das Gute. Wir haben uns dank euch in der Welt wohlgefühlt. Menschen wie ihr sind ein Grund, immer wieder aufzubrechen.

Amelie und Till, Marion und Patrick, Audrey und Cristian, Sina und André: Grenzen sind künstlich in unseren Köpfen errichtet. Ihr habt es ohne Worte geschafft, sie einzureißen und unser Leben in eine Richtung gelenkt, die wir nie für möglich gehalten hätten. Dafür danke ich euch von ganzem Herzen.

Mein größter Dank gebührt meinem Mann, der mich Tausende Kilometer durch die Welt chauffiert hat. Die nicht immer einfachen Passagen hast Du mit solch einer Ruhe und Gelassenheit gemeistert, wovor ich meinen Hut ziehe. Ebenso danke ich Dir dafür, dass Du mir während des Schreibpozeses so lange den Rücken freigehalten und dabei meine Leiden und Launen ertragen hast. Man sollte meinen, das zweite Buch sollte einem leichter von der Hand gehen. Von wegen. Ohne Deine Hilfe wäre ich bei Satz und Layout erneut verzweifelt.

Steve, Ralph und Christian – Ihr kreativen Köpfe habt dem Buch ein wunderschönes Kleid verpasst. Ich Danke Euch unendlich. Ihr habt einen tollen Job gemacht und nebenbei meine Wünsche anstandslos umgesetzt.

Bedanken möchte ich mich bei meinen Lektorinnen Anne von Proeck und Frauke Manninga. Anne, ich bin immer wieder erstaunt wie akribisch Du vorgehst, Deine Finger genau auf die Stellen legst, die noch nicht stimmig sind, und den Text rund machst. Du hast das Buch lesbar gemacht und ich bin Dir für all Deine Ratschläge und Tipps unendlich dankbar. Liebe Frauke, ohne Dein positives Feedback wäre das Buch wieder zurück in die Schublade gewandert. Du hast mir Mut gemacht und der Geschichte den letzten Schliff gegeben.

Ohne die 170 Unterstützer meiner Cowdfunding Kampagne wäre dieses Buch nie entstanden. Die Kosten für Lektorat, Korrektorat, Layout, Satz und Druck hätte ich unmöglich stemmen können. Ich Danke Euch für Euer Vertrauen und Eure Bereitschaft ein Buch zu kaufen, dass es noch gar nicht gibt und hoffe sehr, dass Euch das Ergebnis gefällt.

Und vor allem danke ich Dir. Ich hoffe, ich konnte Dich mit auf die Reise nehmen, bunte Bilder in Deinem Kopf zum Laufen bringen und Dich sehen und fühlen lassen, was ich gesehen und gefühlt habe. Wenn Du dieses Buch mit einem guten Gefühl beiseitelegst und für Deine Investition an Zeit und Geld etwas Wertvolles erhalten hast, habe ich alles richtig gemacht.

Sind noch Fragen offen geblieben, scheue Dich nicht, mir auf http://hippie-trail.de/ oder auf unserer Facebookseite http://fb.me/hippietrail.panam zu schreiben. Ich bin immer bemüht, so schnell und ausführlich wie möglich zu antworten, auch wenn es mitunter ein paar Tage dauern kann.

Ich freue mich ebenfalls über Dein persönliches Feedback und eine Rezension auf den Verkaufsportalen wie Amazon. Diese Bewertungen sind der Anreiz für die Kaufentscheidung vieler Menschen.

Crowdfunding Unterstützer

#VANLEBEN
- DER VANLIFE REISEBLOG -
WWW.VANLEBEN.COM

lichtschreiber

Holger und Moni
Katja U.
Adel und Fynn @lizard.in.blue
Lisa & Yoshi
Heiko Rost
Kurt
Barbara Strasser
Jens Schaffrinna
Sandra Parentin
Sieglinde Herdtler-Dargel
Evelien Giesing
Ruby Dharma
Thomas Sauerborn
Thomas Neumann
Christa und Wolfgang Gammel
Familie Ponce Radu
Stefan (Hans) Pickenhahn
Martina
Constanze & Bernd
Max & Till
Hilde vom Gesindehaus /
Christina und Sven
Stefanie von der Weth
Markus Dauphin
Christian und Steffi
Ingo Walter
BuGis.Camp
Heidrun Lorentzen
Blumenkind Andrea
Andrea Fleischmann
joerghmaier
Nadia Hadji
Katharina
MomoonTour
Jakob, Lena, Jonathan und Frieda
Neumayer
Jeppe Reinhardt
Haus der Zukunft - Espenhain
Marcus Kulcke
Thorsten Kühnert
Jeanette
Sandra Hauser
Andy Streuli
Yvonne Lorenz
Heike Herbold
Anna
Benedikt & Annette
MAN_KAT1_ONTOUR
Familie Jahn
Christian
EXL
Ingo Veltum
Randi
Michel on Tour, Kerstin & Carsten
Annette Kiefer
Freddy
Anikó
Sina
Paula & Manuel
Mechthild und Wolfram

Stefan Rochlitzer
Bastian Kaiser
Jeninchen - Fröhlich Unverpackt
Einkaufen
Flo und Franzi
Andi, Jessi & Leo
Christina & Simon
Gaby
Nikolaus Hausner
Final Daniel
Jürgen Bodenheimer
Markus Becker
Thomas Kohler
David Grüber
Sabrina & Oli
Mel & Mani
Sunny
Anna
Karsten
Wolfgang Bufe
Gertraud und Birgit
Andrea
Marga Schnaiter
Andrea und Peter Schöler
Bernd
Jasmin + Michi Friedrich
Peter Pfaffenberger
Peter Eisele
Jörg Weber, Moschheim
Daniela Horeis
Roland Amon
Albrecht Klein
Steffie Beutner
Flocki
Ralph Zschalig
Nico Wassmer
Helga Sengbusch
Marcus Eric
Thomas Fabian
Michael Kutien
Ulrike Behnisch
Miriam Pahl
Zu Ehren von Peter, der in den
70ern mit seinem T2 nach Indien
gefahren ist

N NK 756

Service

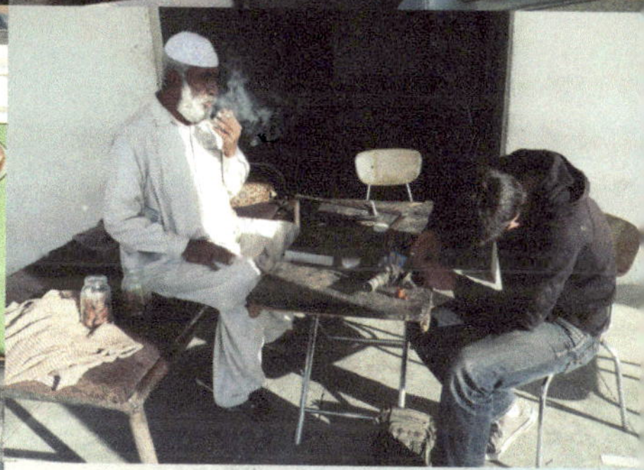

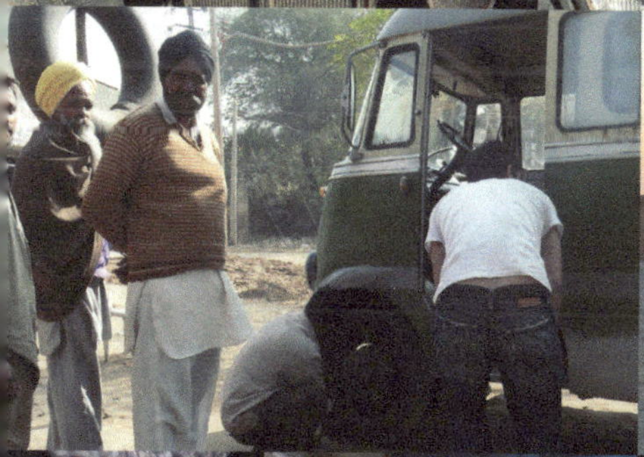

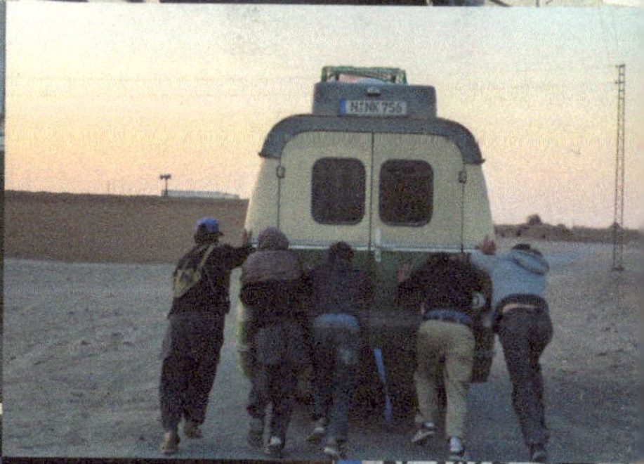

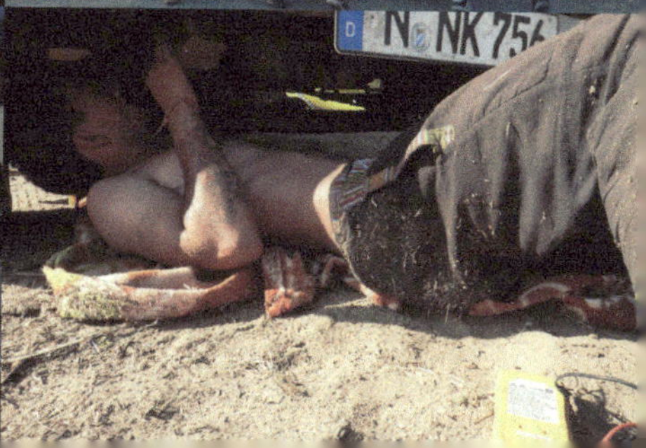